2016 '작가'가 선정한

오늘의 시

2016 '작가'가 선정한

오늘의 시

작가

■ 펴내면서

최근 우리 시단은 내용적, 형식적 스펙트럼을 어느 때보다 넓고 다채롭게 형성하고 있다. 이때의 넓이와 다채로움이란 폭넓은 세대론과 시적 다양성을 포괄적으로 가리킨다. 비록 눈에 띄는 특별한 이슈가 있지는 않았지만, 우리 시는 차분한 분위기에서 각자의 길을 걸어나가는 모습을 다양하게 보여주었다. 상당 시간 지속되고 있는 출판계의 불황에 비추어 볼 때, 이만한 수준과 양의 시편들이 꾸준히 생산되고 있다는 사실은 다행스럽기도 하며, 이것이 한국 시 나름의 활력을 보여주는 증거가 아닌가 생각해 본다. 어쨌든 어느 시대나 개성의 혼재와 다양한 분화가 있었지만, 우리 시대는 그야말로 혼재와 분화 자체가 고유한 특성이라고 할 수밖에 없는 활력 있는 표정을 하고 있다고 할 수 있다.

이처럼 우리 시단은 개별 시편이 성취해 낸 미적이고 상황적인 완결성과 울림만이 '시' 의 존재 이유를 증명해 주는 유일한 척도가 되어가고 있다. 이는 우리 시대가, 일정한 배타성과 연역적 귀속성을 부여하는 선험적 이념이나 방법이 존재하지 않는 시대이고, 시인들을 일정하게 동질적 경험으로 묶어 맬 수 있는 공통 유형이 빈곤한 시대이기 때문일 것이다. 말하자면 한 시대를 특징적으로 규율하고 규정짓는 주류 미학이 설정되기 어려운데다, 그 자리에 다양하고 산만하고 개체 지향적인 시적 발화들만이 제 나름의 욕망과 형식을 통해 드러나고 있는 것이 시단 풍경이라 할 것이다.

2016년 『'작가' 가 선정한 오늘의 시』는, 이러한 시단 풍경을 실속있게 조감할 수 있는 유력한 자료가 되기를 희망해 본다. 그러한 소망을 바탕으로 하여 이 책은, 우리 시단의 다양한 풍경을 깊이 사유할 수 있는 유력한 미적 근거들을 갖춘 수많은 가편들을 수록하였다. 여기 수록된 시편과 시집들은, 그만큼 미적 완결성과 개성적 목소리를 아울러 견지함으로써 우리 시대의 대표적인 성과로 인정받게 될 것으로 기대해 본다.

설문 조사 결과, 작년 한 해 동안 발표되었던 시편 가운데 박형준 시인의 「칠백만원」이라는 작품이 가장 많은 추천을 받았다. 그의 시편은, 일상 가운데서 우리가 어떻게 사람의 마음과 향기를 기억하면서 살아갈 수 있는지를 환기하는 세계이다. 특별히 「칠백만원」은 이러한 박형준 식 방법론을 잘 보여주는 작품인데, 회상과 현실적 절실함이 균형을 이루는 힘이 잘 느껴진다. 이는 칠백만 원이 하나의 대상에 그치지 않고 채워지지 않는 결핍감을 상징함으로써 어머니의 부재가 만드는 결핍감을 동시에 증폭시키기 때문일 것이다. 이처럼 시인은 어머니를 향한 사모곡을 절절하게 부르면서 가시적인 물질을 비가시적인 사랑의 정감으로 완전히 치환하는 능력을 보여주었다. 가장 낯익은 것이 가장 감동적이라는 생각을 새삼 환기시켜 주는 시편이 아닐 수 없다.

앞으로도 우리 시단은 시가 이루어낼 수 있는 복합적 목표들을 때로는 분화하고 때로는 수렴해 가면서 '지금 이후' 의 풍경을 꿈꾸어 갈 것이다. 지난 한 해의 성과들은, 이러한 과제에 확연하고도 분명한 미학적 대안을 제시하지는 못했지만, 탄탄한 미적 완결성을 두루 보여주었다고 말할 수 있을 것이다. 모쪼록 이 책이 우리 시대의 이러한 과제들을 유추할 수 있는 유력한 참조항이 되기를 진심으로 바라마지 않는다.

2016년 3월, 기획위원회

목차

2016 오늘의 시집

2016 '작가'가 선정한

오늘의 시

강연호 강형철 고영민 고진하

등신불_적막_문어_잡초비빔밥_장항선_꽃잎

김보람 김선태 김성춘 김영지

젖은 종이의 시간_달빛에 낚이다_슈퍼문을 기다리며_나무

김종태 나희덕 도종환 류인서

허공의 아가들에게_여기서는 잠시_난중일기_빵 굽는 편

민병도 박라연 박명숙 박선오

눈물의 농도_아름다운 너무나_서천_진혼鎭魂이 있던 자리_다정다

박주택 박지웅 박찬세 박찬일

이후_망치와 나비_바람을 만난 새는 날갯짓을 하지 않는다_하늘의

변종태 서안나 서일옥 손정순

수평선에 걸린 꽃잎_웃는 돼지_봄날의 화해_아현

신덕룡 신동옥 신용목 신필영

홍시_라퐁텐의 천사들_송별회_별 나던 저녁_밑줄을

염창권 오승철 유안진 유재영

11월_압록강 단교斷橋_등산학교 교훈_북천北天

이달균 이명수 이병초 이상호

낮꿈_行萬里路_봄날_장단 · 14_태풍 군

이원식 이은규 이은봉 이재무

행복한 겨울나기_말의 목을 끌어안고_가랑비_걸어 다니는 호

임성구 장옥관 전기철 정끝별

일하는 사람_해파리_월정리_소금인간_심오

차주일 천양희 최동호 한분순

성화聖畵_시의 회초리_가을 바다_눈동자_한 잎의

공광규 곽효환 권갑하 김병호

이우는 시절 들_쉰이야_오지 않는 술래처럼

김영찬 김완하 김이강 김일연

사는 법_위험한 입술_집우물_의자 머플러 밤_성聖 저녁

팽문재 문인수 문정희 문태준

마술사 앞에서_천사_젖은 옷들의 축제_어느 겨울 오전에

박성우 박성준 박시교 박연옥

정다감多情多恨 多情多感_육면체로 된 색깔_고백_찔레꽃 어머니

박현수 박형준 박희정 배한봉

리와 땅의 별자리_바둑돌과 마시멜론_칠백만원_고소하십니까_장마

손택수 송종찬 송찬호 신달자

명자꽃_칼새_눈의 묵시록_백한 번째의 밤_북향집

심재휘 안희연 양문규 엄원태

않았지만_당분간 영원_여여如如하였다_구름의 북쪽

우홍준 이규리 이기철 이남순

리듬_여름 신림동_목백일홍 옛집_나뭇잎 차일

이승은 이승철 이승하 이영광

들다_존재의 그늘_그 눈빛_겨울비

이재훈 이종문 이태수 이현승

과 달과 비_느낌표를 찍을 일이_저물 무렵_은유로서의 질병

정수자 정 양 조승래 조연향

실수_We have to_장자의 하늘_복면의 나날

연

_외전 2

강연호

등신불

세월이 많이 흘러 키도 쪼그라들었지만
그리운 자궁은 여전히 멀고 좁았다
온 세상을 쏘다녀보아도 어디나 텅 빈 절간이고
허우대는 이울고 제 귀에 귀를 기울이는 자세로 굽었다
주머니가 깊어 손은 허공을 쥐고 꼼지락거리며
간신히 묻는 안부처럼 간곡한 예를 올릴 듯 말았다
날아가다 멈춘 돌멩이는 어느 공중에 기대야 할까
두터운 옻칠도 가렵지 않고 뜨겁게 입힌 금물도 식으면
엉거주춤 앉아서 걸어온 보폭으로도 천 년이 순간인데
저물녘의 파도 소리에 얹혀 여기 왔다
저녁이면 어디로든 가야 할 곳이 있어야 해서 여기 왔다
소리 내어 울고 싶은 밤은 그때나 지금이나 또 몰려올 거다
저도 어둠이 무섭다며 먼 어둠 속에서 개가 짖었다
날아가다 멈춘 돌멩이는 마저 날아갔을까
어깨를 토닥거리는 바람의 독경이 아직은 견딜 만하고
견딜 만하다는 말이 견딜 수 없이 울컥 치밀어 오르지만
웃듯 웃지도 울듯 울지도 않는 입꼬리를 하고
평생에 대해서는 끝까지 아무 얘기도 하지 않을 거다
나는 등신等身의 괴로움을 안다

(시와정신 여름)

시 작 노 트

사람이 부처라고 한다. 사람이 누구나 부처라는 말이기도 하고 사람이 누구나 부처가 될 수 있다는 말이기도 할 것이다. 사람을 부처로 모시라는 말이기도 할 것이다. 사람은 언제 어떻게 부처가 되는 것일까. 사람이 지긋지긋해질 때마다 질문은 깊고 어둡다. 이 모두가 등신等身의 괴로움이다.

강 연 호 1962년 대전 출생. 1991년 《문예중앙》 신인문학상으로 등단. 시집으로 『비단길』 『잘못 든 길이 지도를 만든다』 『세상의 모든 뿌리는 젖어 있다』 『기억의 못갖춘마디』 등이 있음. 현재 원광대학교 문예창작학과 교수. yhkang@wku.ac.kr

강형철

적막

학내 민주화를 외치며 투신한 교수의 이야기를 들으며
지금이 어느 땐데 요즘에도 그런 일이 있나 하며
의아해 하는 내 모습에
조금, 많게도 아닌 조금 절망한다

무관심이나 냉담이 이리 쉬워졌다
편안하다

무관심과 파렴치는
내 몸의 비뇨기처럼 적나라하고

이제 시간이란 심판관 앞에
끌려가 조서 받을 일만 남았다

(페이스북 10월)

강 형 철 1955년 군산 출생. 1985년 《민중시》 2집으로 등단. 시집으로 『야트막한 사랑』 『도선장 불빛 아래 서 있다』 『환생』, 평론집 『시인의 길 사람의 길』 『발효의 시학』 등이 있음』. '5월시' 동인. hckang55@hanmail.net

고영민

문어

문어 한 마리를 사가지고
어머니를 찾아간다
가자, 문어야
엉금엉금 문어가 기어온다
시외버스를 타고 등받이를 뒤로 젖힌 채 누워
나와 문어는 어머니에게로 간다
내가 어쩌다 이 아랫녘,
호미虎尾의 바닷가까지 쫓겨 내려와 살게 되고
어머니는 고향도 아닌 첩첩 두메에
늙은 몸을 두게 되었나니
나와 문어는 휴게소에서 들러 오줌을 누고 요기를 하고
다시 버스에 올라 어머니에게로 간다
문어는 옆에 앉아 내내 꾸벅꾸벅 존다
실컷 자거라, 문어야
바다 꿈을 꾸어라
이제 너는 돌아가기엔 너무 멀리 와버렸고
차고 깊은 바다가 아닌
큰 솥에 넣어져 삶아져야 할 터
솥뚜껑 사이 너는 필사적으로 다리를 내밀 테지
그 위에 올라타 나는 힘껏 누를 테고
천천히 네가 솥 안으로 주저앉을 때

솥뚜껑 위의 나도 함께 조금씩 내려앉겠지
버스는 꽃 피는 이 마을 저 마을을 돌아 내달리고
축축한 문어의 어깨에 기대어
나도 함께 꾸벅꾸벅 존다
가자, 문어야
펄펄 끓는 내 늙은 어머니에게로

(시집 『구구』)

시 작 노 트

어머니에게 가는 길이 멀다. 언제쯤 가 닿을까. 어머니의 몸이야말로 언제까지나 최초의 집이다. 그 속에서 안전했으며 또 몹시 쾌적하기도 했다.

고 영 민 1968년 충남 서산 출생. 2002년 《문학사상》을 통해 등단. 시집으로 『악어』 『공손한 손』 『사슴공원에서』 『구구』가 있음. amond000@hanmail.net

고진하

잡초비빔밥

흔한 것이 귀하다.
그대들이 잡초라 깔보는 풀들을 뜯어
오늘도 풋풋한 자연의 성찬을 즐겼느니.
흔치 않은 걸 귀하게 여기는 그대들은
미각을 만족시키기 위해
숱한 맛집을 순례하듯 찾아다니지만,
나는 논밭두렁이나 길가에 핀
흔하디흔한 풀들을 뜯어
거룩한 한 끼 식사를 해결했느니.
신이 값없는 선물로 준
풀들을 뜯어 밥에 비벼 꼭꼭 씹어 먹었느니.
흔치 않은 걸 귀하게 여기는 그대들이
개망초 민들레 질경이 돌미나리 쇠비름
토끼풀 돌콩 왕고들빼기 우슬초 비름나물 등
그 흔한 맛의 깊이를 어찌 알겠는가.
너무 흔해서 사람들 발에 마구 짓밟힌
초록의 흔들, 하지만 짓밟혀도 다시 일어나
바람결에 하늘하늘 흔들리나니,
그렇게 흔들리는 풋풋한 것들을 내 몸에 모시며
나 또한 싱싱한 초록으로 지구 위에 나부끼나니.

(문학사상 8월)

고 진 하 1953년 강원도 영월 출생. 1987년 《세계의 문학》으로 등단. 시집으로 『지금 남은 자들의 골짜기엔』 『프란체스코의 새들』 『우주배꼽』 『얼음수도원』 『수탉』, 산문집 『나무신부님과 누에성자』 『목사 고진하의 몸 이야기』, 동화 『꼬마예수』가 있음. 김달진문학상 수상. 숭실대 문예창작과 겸임교수. solssi@hanmail.net

공광규

장항선

용산역에서 출발하는 완행열차가
충청도 말씨를 닮아서 느리다
내리고 타는 사람도 느릿느릿하다
금방이라도 눈이 쏟아질 듯 가깝게 내려앉는 겨울하늘
창밖에는 아직 지지 않은 나뭇잎들이
시든 풀잎들이
철로를 따라 남쪽으로 내려가고 있다
옆 칸에는 어린 여승 둘이 나란히 앉아 있다
승복도 모자도 재색 구름을 닮았다
서울에서 물건을 한 보따리 사서
시골 토방에 겨우살이 준비를 하러 간다고 한다
무연히 지나가는 평야의 빈 논밭을 내다보고 있는데
새들이 모이를 줍고 있다
집이 없어도 얼어 죽지 않는 새들의 겨우살이가
문득 궁금해지는 초겨울이다

(유심 12월)

시 작 노 트

2015년 11월 1일 용산역에서 보령 웅천역까지 장항선을 타고 가면서 발상한 것이다. 경부선이나 호남선 고속전철만 타고 다니다가 오랜만에 장항선 완행을 탔더니 속도가 충청도 말씨를 닮아서 느릿느릿했다. 거기다가 시를 쓰는 여승과 어린 제자를 만났다. 예산역에서 먼저 내린다고 하였다. 머뭇거리다가 지갑을 여니 7만 원. 자리에 찾아가서 모두 시주하였다. 가을걷이가 끝난 빈 들에서 겨우살이 준비 없이 겨울을 나는 새들을 생각하였다.

공 광 규 충남 청양 출생. 1986년 월간 《동서문학》으로 등단. 시집으로 『담장을 허물다』 『소주병』 등이 있음. kkkong60@daum.net

곽효환

꽃잎 속에 이우는 시절들

아직 새순 오르지 않은 나무를 보러갔더니
잘 매만진 생태천에 봄꽃 가득하다
물길을 따라 난 꽃나무길
바람 일 때마다 꽃잎 분분하다
비스듬히 기운 봄볕
떨어지는 꽃잎 속에 이우는 시절들

하나
한 세계가 설핏 열렸다 닫힌다
천변 너머 옹기종기 빈루한 작은 마을
둑길에 잠시 세워둔 손수레, 털털대며 달리는 삼륜트럭

둘
한 계절이 차고 또 기운다
가지 많은 정자나무, 차례로 피었다 지는
개나리 진달래 산수유 벚나무 목련 그리고 살구꽃

셋
한 시절이 왔다 간다
나지막한 흙담집과 시멘트 벽돌로 지은 개량 한옥 몇 채
동구 슬라브 지붕 아래 나란한 싸전과 구멍가게와 대폿집

넷
화창했던 하루가 뉘엿뉘엿 저문다
단출한 자전거포, 조금 떨어진 오래된 예배당
아버지의 긴 그림자 어른어른 지난다

다섯
바람 분다 배꽃내음 아슴하다
과수원집 단발머리 계집아이 숙이 그리고
적송 울창한 천변川邊의 아이들

(창작과비평 가을)

시 작 노 트

떨어지는 꽃잎처럼 이울어 가는 혹은 이울어 버린 것들이 있다. 설핏 열렸다 닫히는, 차고 또 기우는, 왔다가 가는, 저무는 그리고 아슴한 빛바랜 것들 혹은 그 시절들. 나는 그것들이 빚어내는 곡선과 느림의 지워지지 않는 힘을 믿는다.

곽 효 환 1967년 전주 출생. 1996년 《세계일보》, 2002년 《시평》으로 등단. 시집으로 『인디오 여인』 『지도에 없는 집』 『슬픔의 뼈대』, 저서로 『한국 근대시의 북방의식』 『너는 내게 너무 깊이 들어왔다』 등이 있음. 고대 신예문학상, 애지문학상, 편운문학상 등 수상. 대산문화재단 재직. kwakhwan@hanmail.net

권갑하

쉰이야

저 홀로 깊어가는 것이 어디 산뿐이겠는가

오르는 길이 내려오는 길에게 손을 흔들 듯

물소리 서운하지 않게 뚝 지는 가랑잎 하나

나의 황혼은 얼마나 많은 잎을 떨굴 것인지

갈수록 선명해지는 멈추지 않는 길 위에서

조금씩 가까워지는 먼 산 오래 바라보느니

떨어져 시린 마음 고이 보듬으라는 거겠지

곱씹을 시간이 있다는 그런 위안 풀어놓고

포근히 대지를 덮어주듯 그리 깊어지자구

(개화 24호)

시 작 노 트

조금은 느려지고 싶어지는 요즘, 아니 느려질 수밖에 없는 계절을 걷고 있다. 그동안 너무 많은 질문에 시달렸고 멍이 들었다. 이제는 떨어진 낙엽이 땅속으로 스며드는 스밈의 미학을 관조하고 싶다. 때론 따뜻한 위안이 필요하겠다는 생각도 든다.

권 갑 하 1958년 문경 출생. 《조선일보》《경향신문》 신춘문예 등단. 시집으로 『아름다운 공존』『단 하루의 사랑을 위해 천년을 기다릴 수 있다면』『누이감자』 등이 있음. 중앙시조대상 수상. sitopia@naver.com

김병호

오지 않는 술래처럼

벚나무에 트럭이 기대어 있습니다 벚나무가 트럭을 업고 가겠다는 건지, 트럭이 벚나무를 매고 가겠다는 건지 알 수 없지만 어디론가 떠나려는 행색은 감출 수가 없습니다 트럭 자리의 사내와 아이의 눈빛도 맞닿아 있습니다 벼랑이 솟고 파랑이 일렁이던 순간 꽃들은 저녁을 비추고, 무릎은 물렁해져 길을 닫습니다 사내와 아이의 얼굴 위로 온통 흰 꽃잎들이 돋습니다

봄이 한참인데 누가 이끌었는지 누가 내밀었는지 아이는 울음도 없이 노을처럼 스밉니다 엄마를 묻고 오는 길이라고도 하고 엄마를 따라 가는 길이라고도 합니다 가장 말랑한 울음을 오려 깃발처럼 오래 흔들고 싶었나 봅니다 처음부터 오지 않았던 사람처럼 저들이 부리고 간 저 평화를 이제는 누가 부려야 하는지, 당신만 모릅니다

손으로 얼굴을 어루만져 봅니다
당신이 여기 있는 줄 몰랐습니다

(시와사람 겨울)

시 작 노 트

봄의 한복판에서 맞닥뜨린 사고. 두려움과 슬픔을 고요가 누르는 순간이었다. 문득 그가 생각났다.

김 병 호 1971년 광주 출생. 2003년 《문화일보》 신춘문예 등단. 시집으로 『달 안을 걷다』『밤새 이상을 읽다』 등이 있음. 한국시인협회 젊은시인상 수상. 현재 협성대 문예창작학과 교수. achimjam@hotmail.com

김보람

젖은 종이의 시간

들려있다 나는 자꾸 솟아나는 중이다
공중에 떠 있다 춤이 시작된다
흩어진 그림자들과 허적대는 팔다리
다가갔다 물러섰다 출몰의 이야기 속
나타난 것들은 자꾸만 사라진다
이름을 붙들어 매자 사방에서 움직인다
섞이지 않는 얘기들이 방을 가득 채웠다
발음이 부서진다 이해한다고 말했다
캄캄한 문장 속으로 함께 들어가 누웠다

(쿨투라 봄)

시 작 노 트

언어가 무언가에 이끌려 말할 수 없는 것들을 말하게 한다. 어떠한 근거를 통해 의미화할 수 없는 공간으로. 그러므로 내가 깨닫고 싶은 진실들은 멈출 수 없는 것이다. 어쩌면 나의 방은 언제나 시작하는 것과 맞닿아 있는지도 모르겠다.

김 보 람 1988년 경북 김천 출생. 2008년《중앙신인문학상》당선으로 등단.
swso801001@naver.com

김선태

달빛에 낚이다

물고기 아니 물고 중천에 보름 달빛 길고 가느다란 실타래를 풀어 수면 위에 수천수만 마리 물고기를 수놓고 있다 물의 살점을 잘게 물어뜯으며 튀는 달빛 멸치 떼처럼 바글거린다 어지럽다 그것들 내 눈으로 들어와 어항인 듯 헤엄쳐 다니고 이윽고 마음의 심연까지 들락거리지만 한 마리도 물지 않는다 이는 필시 달빛이 나를 낚는 것이렷다

이번에는 달빛이 수면 위를 뛰어다니며 글씨를 갈겨쓴다 바닷물의 검은 치맛자락을 환히 들추며 은빛 붓으로 써내려간 저 문장들은 무슨 달빛 경전이라도 되는가 어려워서 한 대목도 읽을 수 없다 문득 월인천강지곡을 떠올리며 낚싯대를 드리우지만 물고기 한 마리 물지 않는다 결국 오늘밤은 달빛만 낚았다, 달빛에 낚였다

(문학의오늘 겨울)

시 작 노 트

중천에 보름달을 걸어놓고 하는 밤낚시는 달빛이 대상어다. 너무 밝아서 물고기는 아니 물고 달빛만 헤엄쳐 다닌다. 이런 날은 우두커니 앉아 해독할 수 없는 달빛 경전을 읽는다. 내가 달빛을 낚는지, 달빛이 나를 낚는지 알 수 없다. 아, 그렇게 하룻밤을 꼬박 세우는 일이여.

김 선 태 1960년 전남 강진 출생. 《현대문학》으로 등단. 시집으로 『그늘의 깊이』, 평론집 『진정성의 시학』 등이 있음. 영랑시문학상 등 수상. 목포대 국문과 교수.
ksentae@hanmail.net

김성춘

슈퍼문을 기다리며

올 추석엔 전국적으로 슈퍼문이 뜬다고
기상 캐스터의 말이 밤의 귀를 스친다
내가 사는 모래 언덕에도
발소리도 없이 푸르스름한 저 빛이 쏟아질 모양이다
나는 실오라기 하나 걸치지 않은
슈퍼문을 기다리기로 작정한다
저 둥근 빛을 초대하기 위해
삶의 은은한 빛을 만나기 위해
나는 방과 소나무 옆 전봇대 가등까지 모두 끈다
어둠의 한가운데로 내 그리움의 평상을 펼친다

오늘 밤 과연 나는
슈퍼문의 흰 맨발을 만날 수 있을까
슈퍼문을 기다리며
나는 일곱 살짜리 소년이 된다

슈퍼문 그녀가 곧 모래 언덕 위로 휘영청 찾아올 모양이다

숨죽이며 숨죽이며
어둠 속에 서서 나는
온몸에 푸른 물 철철 흘리며

(신생 겨울)

시 작 노 트

언어는 여자와 같아서 한 집에 두 여자가 살면 삶이 복잡하게 된다.

봄이 온다. 내일은 더 아름다운 언어를 찾아 가까운 폐사지에나 가 봐야겠다.

김 성 춘 1942년 부산 출생. 1974년 《심상》 제1회 신인상 등단. 시집 『물소리 천사』 등이 있음. 바움문학상, 최계락문학상, 한국가톨릭문학상 수상. 동리목월문예창작대학 교학처장. 계간지 《동리목월》 기획주간. kimsungchoon@hanmail.net

김영재

나무들이 사는 법

나무가 자라면서 사이가 좁아지면

나무들은 하늘 향해 키를 조금 높인다

이웃을 밀치지 않고 사는 법을 익힌 것이다

(시와소금 여름)

김 영 재 전남 승주 출생. 1974년《현대시학》등단. 시집으로『오지에서 온 손님』『겨울 별사』『화엄동백』『참나무는 내게 숯이 되라네』『다시 월산리에서』『홍어』, 시화집『사랑이 사람에게』, 시조선집『참 맑은 어둠』, 2인 시조집『가람시조문학상 이호우시조문학상 수상 작품집』, 여행 에세이『외로우면 걸어라』등이 있음. 중앙시조대상, 한국작가상, 이호우시조문학상, 가람시조문학상 등 수상. chaekjip@naver.com

김영찬

위험한 입술

같은 사람인데도 만날 때마다 다르지요 생각해 보니 때와 장소에 따라 왜 그처럼 같았으나 같은 것이 하나도 없을까요
같은 술인데 만나서 같이 마시는 사람에 따라 다르고 꾸미지 않은 눈동자인데 바라다볼 때마다 깊이가 달라요

그 입술의 농도는 그런데 말이지요, 계단을 밟고 오르는 오르간 소리처럼 어딘지 모르게 후미진 곳에 가서 고요히 소멸할 듯이 그러다가 어느 한순간 초승달처럼 예민해져 서늘한 화살촉
하나로 심장에 들어와 박히지요

극한상황에 속눈썹이 파르르 떨리었던가요 두 귀가 봉쇄돼 아무 것도 듣지도 보지도 못합니다 입술과 입술이 비현실적으로 만나 이렇게 불가사의한 곳을 향해 불가피하게도 발톱 길어질 때 예정에 없던 어린애 하나 덜컹 태어나겠지요

(시와사상 겨울)

김 영 찬 충남 연기 출생. 2002년 계간 《문학마당》 등단. 시집으로 『불멸을 힐끗 쳐다보다』 『투투섬에 안 간 이유』 등이 있음. tammy3m@hanmail.net

김완하

집우물

우리 우물은 일 년에 한번 바닥을 드러냈다

그해 수확한 밀을 빻기 위해 새벽부터 밀을 일었다 큰 다라에 우물을 길어 올리면, 오후 서너 시경에 몇 가마 밀을 다 일 즈음 우물은 바닥을 보였다 어둠 속에서도 일렁이며 푸른 별빛을 살려내던 우물이 모로 돌아누웠다

우물 바닥이 드러나면 그 위로 지나던 구름이 잠시 그늘을 쏟고 갔다 우물가 팽나무는 기운이 떨어지고 장독대 항아리는 서늘한 침묵을 쓰고 웅크렸다

그날 밤 잠이 오지 않는 나의 귓가에는 집이 어둠 속에서 강물 끌어당기는 소리 들렸다 집은 신음소리를 내며 밤새 허기를 채우려 달빛을 빨아들였다

그 밤 나의 꿈속으로는 별들이 소리를 내며 부서지고 내 겨드랑에서는 날개가 돋았다 한밤 내 하늘을 날다 새벽에 깨어나면 내 아래 부분이 이슬에 젖어 있었다

(시와시학 겨울)

김 완 하 경기도 안성 출생. 1987년 《문학사상》 신인상으로 등단. 시집으로 『길은 마을에 닿는다』 『그리움 없인 저 별 내 가슴에 닿지 못한다』 『네가 밟고 가는 바다』 『허공이 키우는 바다』 『절정』, 시선집 『어둠만이 빛을 지킨다』 등이 있음. 시와시학상 젊은시인상 등 수상. 한남대학교 문예창작학과 교수, 고은문학연구소장. kimwanha@hanmail.net

김이강

의자 머플러 밤

의자에 머플러가 걸려 있다
걸려 있다가 길처럼 흘러와서 목을 감는다

머플러에 감겨 있는 밤
머플러 속에서 침묵하는 밤
침묵 속에서 당신이 꾸던 꿈을 이어받는 밤
모두의 머플러 끝이 연결된 건 아닐까

가늠되지 않는 밤에
의자에 걸린 머플러를 조용히 바라보는 밤

사진 속에서 아버지는 늘 학사모를 쓰고 있는데
왜 그렇게 목이 길어 보이는지 알 수 없는 밤

수화기 저편에서 당신은 친구가 죽은 밤이고 벽제로 간다고
벽제 벽제 하니 친구가 정말로 죽은 것만 같다고

뚜뚜뚜—
하니 벽제로 간다는 네가 사라져 버릴 것 같은 밤

사라지지 않아, 하고 말하려는데

목을 꾹 누르며 가다듬는 밤

의자에 감겨 있는 밤
낯선 길 속으로 걸어 들어가는 밤

잠겨 있는 당신의 밤에다 대고
벽제— 벽제— 발음해 보는 밤

(서정시학 여름)

시 작 노 트

이젠 그 아담한 방의 큰 창 앞에 앉아서 시를 쓰거나 공부할 일이 없을 것이다. 나는 몇 해 전에 그곳을 떠났다.

김 이 강 2006년 겨울《시와세계》등단. 시집으로『당신 집에서 잘 수 있나요?』가 있음.
isall@naver.com

김일연

성聖 저녁

꾹꾹거리는 새소리
상추 씻는 물소리
도마에 무 써는 소리
돌돌돌 재봉틀 소리
그 소리 아무것 아닌 소리
잊을까 두려워라

(유심 12월)

김 일 연 1980년 《시조문학》으로 등단. 시집으로 『엎드려 별을 보다』(문화체육관광부 우수교양도서) 등 7권이 있음. 오늘의 시조문학상 등 수상. ilyeon2003@hanmail.net

김종태

허공의 아가들에게

꿈꾸는 아가들의 옹알이가 요람 안에 출랑거릴 때 허공은 무슨 까닭으로 이름 없는 아가들을 깨우는가 검은 모래바람이 은사시나무 가지를 덮어갈 때 허공은 이름 없는 아가들을 깨우는가 그 병든 가지마다 싹이 돋고 잎이 날 때 허공은 이름 없는 아가들을 깨우는가 사원의 잔해 사이로 전투기가 날아다니고 조종사의 헬멧이 폐허의 광장에 내동댕이쳐질 때 허공은 이름 없는 아가들을 깨우는가 그 몸 속 폭탄이 불꽃놀이처럼 흩어져 애먼 몸들 산산이 멍빛으로 흩어질 때 허공은 이름 없는 아가들을 깨우는가 죽은 몸과 죽어가는 몸이 엉키어 천년의 탑을 쌓을 때 허공은 이름 없는 아가들을 깨우는가 창살 아래 갇힌 흰 살들이 기름을 머금고 타들어 갈 때 허공은 이름 없는 아가들을 깨우는가 타들어간 연기가 굵은 핏줄이 되고 잘린 모가지가 되고 허공은 이름 없는 아가들을 깨우는가 자장가를 가득 실은 술 취한 배들이 암초에 좌초되고 허공은 이름 없는 아가들을 깨우는가 그 배에 묶어 놓은 음표들이 밤바다에 흩어지고 허공은 이름 없는 아가들을 깨우는가 이름 없는 아가들이 오래 전 잠들어 있었던 허공의 복수覆水가 넘실넘실 쏟아져 흐르는데 허공은 아침마다 흰빛으로 다시 살아나 그 무슨 까닭으로 이름 없는 아가들의 영원한 꿈을 이토록 세차게 깨우는가

(문학의식 봄)

시 작 노 트

허공은 아무 것도 아닌 곳, 아무 것도 없는 곳이 아니다. 그곳은 비어 있음을 통해서 오히려 더 많은 슬픔과 그리움을 저장한 공간이다. 잃어버린 순수가 있고, 잊었던 낭만이 있고 그 순수와 낭만을 향한 질곡과 상처가 있는 공간이다. 그곳으로 가서 아가를 만나고 싶었고 아가의 울음소리를 듣고 싶었다. 아가는 우리 모두의 현재이며 우리 모두의 분신 아니겠는가.

김 종 태 김천 출생. 1998년 《현대시학》으로 등단. 시집으로 『떠나온 것들의 밤길』 『오각의 방』 등이 있음. 청마문학연구상, 시와표현작품상, 문학의식작품상 수상. 현재 호서대학교 문화콘텐츠학과 교수. bludpoet@hanmail.net

나희덕

여기서는 잠시

난 여기가 맘에 드는구나
삶의 오물통과 마주하기 좋은 곳이야

금지된 열매들이 지천으로 널려 있고
불가능한 것의 가능성이 보이는 것 같구나

죽어가는 존재들도
여기서는 잠시 숨을 돌릴 수 있지

건기에 물이 다 말라도
잠베지 강의 폐어가 폐로 숨을 쉬며
몇 달을 진흙 속에서 살듯이

네 생각보다 남은 숨이 길다는 걸 명심해라
어찌되었든 숨을 쉰다는 게 중요해

불을 지펴볼까
불쏘시개가 될 만한 낙엽들을 가져오렴
마른 싸릿가지나 덤불도 좋다

난 여기가 마음에 드는구나

삶의 누더기를 말리기 좋은 곳이야

남아 있는 것들로 차린 음식과
마른 우물에서 퍼온 물로
아직 몇 끼니는 견딜 수 있을 것 같구나

죽어가는 존재들도
여기서는 잠시 숨을 돌릴 수 있지

불씨가 남아 있는 동안에는

(신생 봄)

나 희 덕 1966년 충남 논산 출생. 1989년 《중앙일보》 신춘문예로 등단. 시집으로 『뿌리에게』 『그 말이 잎을 물들였다』 『그곳이 멀지 않다』 『어두워진다는 것』 『사라진 손바닥』 『야생사과』 『말들이 돌아오는 시간』 등이 있음. 조선대학교 문창과 교수.
rhd66@hanmail.net

도종환

난중일기

새벽에 안개비 뿌리다가 늦게는 개었다
잘 죽을 일을 생각하자
치유 불가능인 걸 알면서
고통스럽게 연명하는 하루하루는 치욕
죽도록 일하고 죽도록 박해받는 날들이 너무 길다
오늘도 열 순의 활을 쏘고
찬 술을 마시고
저녁엔 여진이와 잤다고
붓 들어 거짓 없이 쓰자
살아 있는 동안은 전선을 떠날 수 없는데
우린 늘 중과부적
이길 수 있다고 과신하지 말고
두려움에 주눅 들지 말고
물살치는 두려움의 복판으로 배를 저어 나가자
존엄하게 죽을 수 있는 것만도
얼마나 고마운 일인가

(문학과행동 겨울)

도 종 환 1954년 청주 출생. 시집으로 『접시꽃 당신』 『부드러운 직선』 『슬픔의 뿌리』 『해인으로 가는 길』 『세시에서 다섯시 사이』 등이 있으며, 산문집으로는 『그대 언제 이 숲에 오시렵니까』 『꽃은 젖어도 향기는 젖지 않는다』 등이 있음. 정지용문학상, 윤동주상, 백석문학상, 공초문학상 등 수상. 제19대, 20대 국회의원. djhpoem@hanmail.net

류인서

빵 굽는 편의점

초승달 크루아상은 아직 덜 구워졌다
시간 여행자처럼
어떤 이는 좀 더 머물고 어떤 이는 서둘러 떠난다

맛을 과장하며 구애하는 냄새들,
계산서를 굽지 않고
창가에서 마감 직전의 잡문을 쓰거나
모차르트처럼 그늘 없는 음표로 '버터 바른 빵'을 굽는 이도 있겠지

발포 비타민 아닌 구운 햇빛 알갱이를 달라는 건
봄날의 주문
까맣게 구운 손으로 은화를 구걸하는 이도 있다
편의점 아줌마가 꺼내는 별 모양 쿠키에는
대추야자 씨앗을 닮은 초콜릿이 박혀 있다

강아지 콧등에서 하품이 구워진다
간혹 밤의 라디오가 구워주는 음악 편지가 빵 속보다 촉촉하다
아줌마의 오븐 바닥에 눌어붙기도 한다
이 유리창은 젖은 것부터 먼저 구워낸다고

빗방울 마른 얼룩이 불똥으로도 보인다고, 중얼거린다

(시산맥 여름)

시 작 노 트

외로움이 모든 아름다움을 짓누르는 순간에 그것을 이겨낼 방법은 열려 있는 것뿐이다, 라는 말이 있었다.

류 인 서 2001년 《시와시학》으로 등단. 시집으로 『그는 늘 왼쪽에 앉는다』 『여우』 『신호대기』 등이 있음. ryuksy@hanmail.net

맹문재

마술사 앞에서

내가 나의 눈을 속이니 얼마나 다행인가
나의 눈이 나에게 속으니 얼마나 다행인가

내 눈에는 문이 열려 있지 않았다
속는 것을 원수처럼 증오했다

나는 윤리적이지 않고 이타적이지 않고 정치적 실천도 하지 않으면서 속지 않으려고 했다
나의 후원자에게도 나의 수첩에도 나의 사랑에도 나의 약속에도 속지 않으려고 했다

나는 전설 같은 좌표도 등불인 이념도 가혹한 부끄러움도 바다를 품은 연대도 속이면서 속지 않으려고 했다
비어 있는 손으로 꼭두각시의 권위로 관념적인 수식으로 어설픈 변명으로 속이면서 속지 않으려고 했다

내가 나의 눈을 속이니 얼마나 다행인가
나의 눈이 나에게 속으니 얼마나 다행인가

(시와사상 겨울)

시 작 노 트

며칠 전 마술사의 손놀림을 보면서 즐거워했다. 나의 눈을 속이면서까지 즐거워했다. 나도 어느덧 늙은 것인가. 마음이 너그러워진 것인가. 정치인에 대한 비판을 포기한 것인가. 천명을 생각한 것인가.

맹 문 재 1991년 《문학정신》으로 등단. 시집으로 『먼 길을 움직인다』 『물고기에게 배우다』 『책이 무거운 이유』 『사과를 내밀다』 『기룬 어린 양들』 있음. 현재 안양대 교수.
mmunjae@hanmail.net

문인수

천사

세 살배기 꼬마 난민, 시리아 어린이
'아일란 쿠르디' 가
터키의 한 휴양지 바닷가 백사장에 한 움큼 모래를 쥐는, 모래를 쥐려 하는 파도, 파도 끝에 끝내 엎어져 죽어 있었다.

인생은 지중해 건너 그리스로 가던 길……, 그리스로 가던 길의 뒤집힌 고무보트처럼 때론 어이없는 것.
그렇게, 식솔 모두의 손을 놓친, 가족 모두를 잃은 사내는 그만,
더 살아갈 이유가 없어졌다며
기껏 탈출해 나온 참상, 내전 중의 그 고향으로 되돌아가려 한다.

저, TV화면엔…… 어느 나라 누군가가 사진 합성으로 벌써
아이의 등에다 아, 흰,
커다란 날개를 그려 훨훨 달아 주었다.

(현대시학 12월)

문 인 수 1945년 경북 성주 출생. 1985년 《심상》으로 등단. 시집으로 『쾌치는 산』 『배꼽』 등 9권이 있음. insu3987@hanmail.net

문정희

젖은 옷들의 축제

하나의 줄에 목을 매달고
젖은 옷들이 목청 좋은 뻐꾹새처럼 펄럭인다
굴욕으로 휘인 등어리
현기증 나는 욕망으로 구겨진 팔이
다시 빛으로 일어서고 있다

누가 저리도 환한 기적을 생각해 냈을까
고달픈 허물을 물에 헹구어
허공의 이빨에다 잠시 이 악물 듯 물려 놓으면
타악기로 가벼이 두드리듯
상처들이 사라지는
햇살과 바람과 공모하는 경쾌한 안무按舞

사람의 허물도 시원하게 벗어
한 번씩 빨아 입을 수는 없을까

고대로부터 내려 온 긴 줄에 목을 매달고
태양 아래 두 팔 벌린 벌거벗은 시간의 축제!
못생기고 보잘것없는
무명無明인

이 사람 손이 만든 것인가

(동리목월 겨울)

문 정 희 1947년 전남 보성 출생. 1969년 《월간문학》으로 등단. 시집으로 『남자를 위하여』 『오라, 거짓 사랑아』 『양귀비꽃 머리에 꽂고』 『나는 문이다』 등이 있음. 현대문학상, 소월시문학상, 정지용문학상 등 수상. poetmoon@gmail.com

문태준

어느 겨울 오전에

나목이 한 그루 이따금씩 나와 마주하고 있다
그이는 잘 생략된 문장처럼 있다
그이의 둘레에는 겨울이 차갑게 있고
그이의 저 뒤쪽으로는 밋밋한 능선이 있다
나는 온갖 일을 하느라 이리저리 왔다 갔다 하며
한 번은 나목을 본다
또 한 번은 먼 능선까지를 본다
그나마 이때가 내겐 조용한 때이다
나는 이 조용한 칸에 시를 쓰고 싶다
그러나 오전의 시간은 언덕을 넘어 평지 쪽으로 펴져 금세 사라
진다

(유심 2월)

문 태 준 1970년 경북 김천 출생. 1994년 《문예중앙》 신인문학상으로 등단. 시집으로 『수런거리는 뒤란』 『맨발』 『가재미』 『그늘의 발달』 『먼 곳』 등이 있음. 유심작품상, 노작문학상, 미당문학상, 소월시문학상 등 수상. tjpmoon@hanmail.net

민병도

눈물의 농도

아버지 미소가 환한 빈소에 둘러서서
나누어 갖지 못한 시간들을 되감다가
저 문밖 통곡에 놀라 등뼈 곧추세웠다

끼니 들러 시집보내 어려서 떠난 고모
연필 대신 호미 쥐켜 눈물이 밥이던 누이
체면도 아랑곳없이 이승 문간 다 울린다

상처를 감출 만한 마음의 붕대도 없이
못 배우고 못 가진 설움, 형색마저 남루한데
어째서 저들의 눈물이 더 뜨겁고 더 진한가

(시조미학 겨울)

시 작 노 트

문명의 거대한 물결에 휩쓸리면서 자꾸만 사람의 본성을 잃어가는 오늘날이다. 아마도 타고난 천품을 스스로 버리고 지혜 대신 지식을 선택한 결과일 것이다. 옳고 그른 것만 분별하려고 드는 이분법적 사고의 병증이 아닌가 싶다.

그나마 조금 덜 배우고 조금 덜 가져서 사람 냄새가 나는 이 땅의 많은 민초들의 농도 짙은 눈물이 남아 있기에 위안으로 삼는다.

민 병 도 1976년 《한국일보》 신춘문예로 등단. 시집으로 『슬픔의 상류』 『들풀』 『장국밥』 등이 있음. 중앙시조대상, 가람시조문학상, 김상옥문학상 수상. 한국시조시인협회 이사장, 《시조21》 발행인. mbdo@daum.net

박라연

아름다운 너무나

우리가
누린 적 있는 눈부신 시간들은
잠시 걸친
옷이나 구두, 가방이었을 것이나

눈부신만큼
또 어쩔 수 없이 아팠을 것이나
한 번쯤은
남루를 가릴 병풍이기도 했을 것이나

주인을 따라 늙어
이제
젊은 누구의 몸과 옷과
구두와 가방
또 아픔이 되었을 것이나

그 세월 사이로
새와 나비, 벌레들의 시간을
날게 하거나
노래하게 하면서
이제 그 시간들마저

허락도 없이
데려가는 중일 것이나

(서정시학 가을)

시 작 노 트

당황스럽다. 특집 시 청탁을 받고 애써 쓴 시 다섯 편 중 가장 나중에 끼워 보낸 시여서다. 거의 메모 수준이었고 마감에 쫓겨서 편수를 맞추느라 그냥 보냈는데 선배 선생님들께 가장 칭찬을 많이 받았다. 근데 오늘 또 이 시가 뽑혔으니 시작 노트를 써달라신다. 허탈하다. 다른 시들은 길어도 거의 외우는 편이다. 이 시는 한 번도 돌아본 적 없어서 기억이 거의 없어서 찾아내서 다시 읽으면서 아! 내가 그때 이런 생각을 이렇게 표현했구나! 하면서도 여전히 왜 좋은지 모르겠다. 발표된 시는 독자의 것인데 그렇다면 나는 아직도 시에 대해 걸음마 수준인 것인가, 질문할 수밖에 없는가?

박 라 연 1990년 《동아일보》 신춘문예로 등단. 시집으로 『서울에 사는 평강공주』 『생밤 까주는 사람』 『너에게 세들어 사는 동안』 『공중 속의 내 정원』 『빛의 사서함』 등이 있음. 윤동주상 문학 부문을 수상. bry926@hanmail.net

박명숙

서천

누군가 냇가에서 빨래를 하나 보다

주저앉아 몸 깊은 곳 소식을 씻나 보다

콸콸콸, 노을 쪽으로 여름날이 넘어가는데

그 여름날 살 속 깊이 칼집이 들어선 듯

쓰라린 소식들을 저물도록 치대나 보다

적막한 서천 물소리 대숲을 구르나 보다

(좋은시조 창간)

시 작 노 트

아무도 없다. 피에 젖은 하늘. 밀려드는 어둠을 휘저으며 불러본다. 심장을 팔딱대는 검붉은 슬픔들. 이승의 마지막 기차를 타고 도착하면 그곳에서도 기다리고 있으리라.

박 명 숙 《중앙일보》 신춘문예 시조 당선. 《문화일보》 신춘문예 시 당선. 시집으로 『은빛 소나기』 『어머니와 어머니가』 등이 있음. 중앙시조대상, 이호우 · 이영도시조문학상 수상. pms5507@paran.com

박선옥

진혼鎭魂이 있던 자리

물과 얼음의 경계에 새가 서 있다
흰 국화 다발을 던진 누군가의 진혼鎭魂도 함께
어디로 날 것인가
동종同種의 무리끼리 조용히 들끓고 있는 것이다
강이라고 하지만
아직은 얼음 벌판이 더 많은 한강漢江
새들은 발밑의 경계가 두려웁기만 하다
날을지 말을지
한때 날짐승의 무덤이고 텃밭이던 강물이
죽음을 끼고 있는 제 몸의 결빙結氷을 기억이라도 하는지
사람 소리를 듣고는 쩍쩍
갈라지는 자신의 바닥이 마치 주검의 하치장荷置場인 듯
겨울이면 별것도 아니라고 느끼던 것들도
모두 강에 나가서 푸른 캔과 스티로폼으로 떠오른다
그것이 겨울의 바깥이라고 말하는 자들도
속내가 얼고 있다
날이 풀리면 그렇게 믿은 생각이 부질없음을
맨처음 흔적도 없이 사라져 간 국화송이를 보고 알게 된다
겨울이 제 진혼도 함께 마친 것이다
경계를 거두어들인 강
새와 사람의 먹이지도를 그리는 자리

다시는 안 볼 것처럼 가는 것만이
물결의 달음질을 따라간다

(현대시학 10월)

시 작 노 트

내게서 겨울은 그리도 많이 갔다.
탐심이 있는 마음 자리에 겨울은 또 온다.
다시 돌무게 같은 나이를 얹어놓고 간다.
부질없다는 생각만 늘어날 뿐, 시의
곳간은 한결같다. 마르고 야위는 자리에 갇혀
나는 이 詩를 썼다. '궁하다' 는 것을 이럴 때 쓰고 싶다.

박 선 옥《강원일보》 신춘문예 시 부문 당선,《현대문학》 신인상 당선. 시집으로『내가 한 줄기 바람일 때』 등이 있음. chadw02@hanmail.net

박성우

다정다한 다정다감多情多恨 多情多感

내 어머니도 '김정자' 고 내 장모님도 '김정자' 다
내 어머니는 정읍에서 정읍으로 시집간 김정자고
내 장모님은 봉화에서 봉화로 시집간 김정자다
둘 다 산골짝에서 나서 산골짝으로 시집간 김정자다

어버이날을 앞둔 연휴가 아까운 터에
봉화 김정자와 함께 정읍 김정자한테로 갔다
봉화 김정자는 정읍 김정자를 위해
간고등어가 든 도톰한 보자기를 챙겼다
정읍 김정자는 봉화 김정자를 위해
시금시금 무친 장아찌를 아낌없이 내놓았다

정읍 김정자는 봉화 김정자 내외에게
장판과 벽지를 새로 한 방을 내주었으나
봉화 김정자는 정읍 김정자 방으로 건너갔다
혼자 자는 김정자를 위해
혼자 자지 않아도 되는 김정자가
내 장인님을 독숙하게 하고
혼자 자는 김정자 방으로 건너가 나란히 누웠다

두 김정자는 잠들지도 않고 긴 밤을 이어갔다

두 김정자가 도란도란 나누는 얘기 소리는
아내와 내가 딸과 함께 자는 방으로도 건너왔다
죽이 잘 맞는 '근당게요' 와 '그려이껴' 는
다정다한한 얘기를 꺼내며 애먼 내 잠을 가져갔다

달그락거리는 소리에 눈을 뜬 이른 아침,
한 김정자는 쌀 씻어 솥단지에 밥 안치고
한 김정자는 화덕불에 산나물을 삶고 있다

(창작과비평 가을)

시 작 노 트

특별한 일이 없으면 어버이날 전후에 경북 봉화가 고향이신 장인 장모님을 모시고 어머니가 계시는 전북 정읍의 시골집에 간다. 한데 모여 두어 날 함께 나물을 뜯고 밥을 지어 먹으며 같은 마당을 쓴다. 내 어머니와 장모님은 성함이 같은데 두 분 다 '김정자' 다. 이 두 김정자는 내게 있어 경전이자 종교다.

박 성 우 1971년 전북 정읍 출생. 2000년 《중앙일보》 신춘문예로 등단. 시집으로 『거미』 『가뜬한 잠』 『자두나무 정류장』 등이 있음. ppp337@hanmail.net

박성준

육면체로 된 색깔

체르니 40번을 치다 말고 뛰쳐나온 여자아이가
쪼그려 앉아 마냥 우는 보도블록 한 칸쯤을 입술이라 부르자
사거리에 낮은 건물들 사이 일층에는 오래된 음악교습소가 있고
유독 높이를 가늠할 수 없던 나의 첫 짐승 같은 건물
건물과 건물 사이로 가볍게 곤두박질치는 햇빛들을 손톱이라 부르자
버려진 손톱을 먹은 쥐는 왜 나를 닮았을까
변신 직전까지 오물거리던 언 땅과 시간과 흑백의 위기
더 멀리 도망가는 쥐의 계산 방향을 귀라고 부르자
귀라고 발음하고 들었던 모든 저쪽을 다시 쥐라고 부르자
서랍이 아니었던 건물에는 높이만큼의 귀가 많고
변신할 수 있는 모든 용도의 벽에서는 다 사용하지 않은 오후의 신경질이 있어
건물과 건물 사이를 질주하는 남자를 분노라고 부르자
위험을 무릎
세계를 춤
전염병은 살자
정체불명의 두부를 얼굴이라 부르자
촛농처럼 무너지는 울음이라 부르자
햇빛을 발작이라 부르자
이층부터 사층까지를 사용하는, 문 신경정신과의원

병원에 도착했던 나는 대체 몇 살쯤일까
진료실에서 울다 멈춘 여자를 보도블록 한 칸만큼 부르자
'문' 이라는 상호는 달을 뜻하는 걸까
성씨를 뜻하는 걸까
문을 열고 들어가는 환자들의 모든 고충들이 블라인드를 내리고
온도는 대체 어디에서 오는가
지방 군소에 이토록 육중한 정신과의 필요는 누구의 동굴인가
피아노를 치던 아이의 이름을 올려놓은 혀를 파충류라 부르자
정신과 의사가 남모르게 앓고 있는 신병神病을 살이라고 부르자
왜 신체는 외출하지 않는가
울음은 몸에서 빠져나오려고 하는 살의 욕구
만지면 만질 수 있도록 변형되는 종교
여의사는 왜 상담을 하다 말고 내 손목을 붙잡는가
보도블록처럼 친절했던 내 살이 나를 발견하기 시작할 때
아버지
어머니
누이
따위의 명칭들이
다 상상력이라는 추궁을 감내해야 할 때
피아노 소리는 어른이 되고 다 늙은 어른이 되고
잘못 만진 내 얼굴이 나를 피한다 왜 그토록 나를 피했던 나를

나는 파헤치려 하는가
성을 배운 누이의 얼굴과
속을 배운 의사의 얼굴이
회전한다
회전하면서 무섭도록 자라고
회전하면서 아주 조금도 성장하지 않는다
나는 다시 건반처럼 차분해진다

(웹진문장 3월)

시 작 노 트

어릴 적 아파트에 산 적이 있었다. 광명시 하안동 1101동 510호 주공아파트였다. 그때 나는 우리 집이 굉장한 부자가 된 줄 알았다. 511호에는 목사 가족이 살았다. 처음에는 목사와 아내와 딸아이 하나가 살았고 4년 동안, 목사 가족은 딸 둘을 더 낳아 다섯 명이 되었다. 목사의 아내는 부업으로 피아노를 가르쳤다. 그들은 베란다에는 새장을 놓고, 새를 키우기도 했다. 나는 거실에 피아노 강습 중인 누나의 피아노 소리를 들으며 새장을 열어 새를 날려준 적이 있다. 나는 아직도 피아노를 치지 못한다. 그 새는 죽었을 것이다.

박 성 준 1986년 서울 출생. 2009년《문학과 사회》시, 2013년《경향신문》평론 등단. 시집으로『몰아 쓴 일기』『잘 모르는 사이』가 있음. a18000w@naver.com

박시교

고백

오대산 월정사에 들렀던 오래전에

팔각의 소슬한 탑 그 아래 섰을 때

불현듯 주체할 수 없는 도심盜心이 일었지

그 여러 층 가운데 한 층을 슬쩍해서

보료로 삼아서 깔고 앉아 지내왔는데

탑 위에 떠 있는 기분 그렇게 살았지

호사도 오래되면 싫증나는 이치 따라

이제 그만 제자리로 돌려주려 하는데

지금의 내 힘으로는 옮길 수가 없네

(내일을여는작가 상반기)

시 작 노 트

나이를 먹는다는 것은 어쩌면 그만큼 고백할 일, 반성할 일이 더 쌓인다는 뜻이 아닐까. 이런 생각에 곁들어서, 이 근래 내 시에 '힘' 이 주제와 소재로 쓰이는 것 또한 나이와 무관하지 않는 것 같다.

박 시 교 1947년 경북 봉화 출생. 1970년 《현대시학》으로 등단. 시집으로 『거울경』『가슴으로 오는 새벽』『낙화』『독작』『지상에서 가장 아름다운 이름』『아나키스트에게』가 있음. 오늘의시조문학상, 중앙시조대상, 이호우문학상, 가람문학상, 고산문학대상, 한국시조대상을 수상. sigyo@naver.com

박연옥

찔레꽃 어머니

고요가 팽팽한 오후의 두세 시쯤
황톳길 고개 넘어 시냇가 언덕으로
하얗게 달려온 봄이
여기서 꽃이 되네

찔레꽃 피는 날엔 목마른 뻐꾹 울음
어머니! 부르면 찔레꽃 파란 냄새
열세 살 아득한 봄날
낮달 따라 걷던 길

(시조시학 가을)

시 작 노 트

찔레꽃 피는 계절이면 지워졌던 옛길도 눈부시게 살아난다. 넉넉함을 가늠할 수 없었던 어린 날의 기억들. 먼발치 뻐꾸기 울음으로 귀가 환해지는 날. 짓궂은 바람이 불고 달아난 향기가 남긴 꽃잎은 하얀 발자국을 닮아 있다. 어머니의 봄이 저토록 하얬을까.

박 연 옥 2006년 《중앙일보》 신인문학상 시조 당선. 시집 『모음을 위하여』 등이 있음. 2014년 이영도 시조문학상 신인상 수상. realwing@naver.com

이후

박주택

*

이제 나에게 남은 것은 분노 끝에 떠나보낸 사람들과
자꾸만 들려오는 소문들로 들끓는 이불 속의 잠

여름의 끝 체중계는 불어터져 계절이 바뀔 것 같지 않은
바닥에 가라앉고 새로 산 프린터는 자꾸만 종이를 문다

원수들은 씩씩하게 자라는 법

포기를 모르고 가족은 조합을 이루고
외식하는 저녁별은 푸르고 푸르다

망각이 서성거리는 골목 끝
실수투성이인 술집 문

*
캘리포니아에서 온 여자는
잘했어, 자면 후회할 거야, 어깨를 쳤다
죽은 어머니는 거짓말을 밥 먹듯이 했지

누군가 풍경이 되는 지금
밖에는 과체중의 달이 떠 있다

(현대시학 11월)

박 주 택 1959년 충남 서산 출생. 1986년 《경향신문》 신춘문예로 등단. 시집으로 『꿈의 이동건축』 『방랑은 얼마나 아픈 휴식인가』 『사막의 별 아래에서』 『카프카와 만나는 잠의 노래』 『시간의 동공』 『또 하나의 지구가 필요할 때』, 시론집 『낙원 회복의 꿈과 민족 정서의 복원』과 평론집 『반성과 성찰』 『붉은 시간의 영혼』 『현대시의 사유구조』 등이 있음. 현대시 작품상, 이형기문학상, 소월문학상, 한국시인협회상 등 수상. 현재 경희대학교 국문과 교수. sesan21@hanmail.net

박지웅

망치와 나비

물 한 방울 없이 새로운 종을 불러일으키는 것이 어디 쉬운 일이겠는가 탕, 탕 망치로 나비를 만든다 청동을 때려 그 안에 나비를 불러내는 것이다

청동은 꿈틀거리며 더 깊이 청동 속으로 파고들지만 아랑곳하지 않는다 망치는 다만 두드려 깨울 뿐이다 수없는 뼈들이 몸속에서 수없이 엎치락뒤치락한 뒤에야 하나의 생은 완전히 소멸하는 것

청동을 붙들고 있던 청동의 손아귀를 두드려 편다 청동이 되기까지 걸어온 모든 발자국과 청동이 딛고 있는 땅을 무너뜨린다

그러자면 먼저 그 몸속을 훤히 읽을 줄 알아야 한다 단단한 저편에 묻힌 심장이 따뜻해질 때까지, 금속의 몸을 벗고 더없이 가벼워져 꽃에 앉을 수 있을 때까지 청동의 뼈마디마디를 곱게 으깨고 들어가야 한다

탕, 탕
짐승처럼 출렁이던 무거운 소리까지 모두 불러내면 사지를 비틀던 차가운 육체에 서서히 온기가 돌고 청동이 떠받치고 있던 청동의 얼굴도 잠잠하게 가라앉는다

그렇게 오랫동안 두드리면 청동은 펼쳐지고 그 깊숙한데서 바람소리가 나기 시작한다 금속 안에 퍼지던 맥박이 마침내 심장을 깨우는 것이다

비로소 아 비로소 한 줌의 청동도 남아 있지 않은 곳에서 한 올 한 올 핏줄이 새로 몸을 짜는 것이다 그 푸른 청동의 무덤 위에 나비 하나 유연하게 내려앉는 것이다

(시산맥 겨울)

시 작 노 트

몸이 화덕이다. 들숨과 날숨의 풀무질로 피운 그 화덕의 불이 심장이다. 여러 해 전 봄날, 심장에 넣어 달군 금속을 모루에 올리고 며칠 동안 두드렸다. 원하는 모양 비슷하게 나비를 만들었으나, 그것이 생명으로 존재할는지는 의문이다. 쓸 때마다 까마득하다. 그래도 어쩔 수 없다. 대장장이로 살다 대장장이로 가야지. 오늘밤 대장간 하늘에 별이 많다.

박 지 웅 2004년 《시와사상》 신인상, 2005년 《문화일보》 신춘문예 시 부문 당선. 시집으로 『너의 반은 꽃이다』 『구름과 집 사이를 걸었다』 등이 있음. paon_kr@yahoo.co.kr

박찬세

바람을 만난 새는 날갯짓을 하지 않는다

— 계불禊祓

사람들 속에 머물다 온 날은 바람에 몸을 씻는다
하나의 필체를 완성하기 위해 골몰하는 바람 속에서
어두워지는 법을 배운다

새들의 부리가 향하는 곳에서 먹구름이 피고
— — — 신음하는 작은 어선들
흔들릴수록 선명해지는 바람이 있다

말은 얼마나 많은 가시를 품고 있는 것일까
눈물의 목적지는 바람이었을 것이다
바람에 묻어 둔 소금기가 살에 감기면
새들이 왜 무수한 바늘로 제 몸을 찌르며 깃을 만드는지 생각한다

바람은 언제나 공범이었다는 생각
한 모금씩 담배를 나누어 피우면
부리가 몰고 온 먹구름이 묵은 깃을 털어낸다

바위 위에서 쉬던 새들이 빗줄기를 뚫고 솟구친다
쏟아지는 빗줄기 속으로 새들이 날갯짓하는 건
거기 바람이 살고 있기 때문일 것이다

빗방울이 기울어진다
바람을 타는 새의 눈동자 속에 섬이 자란다

(유심 5월)

박 찬 세 2009년 『실천문학』으로 등단. pcsworld@naver.com

박찬일

하늘의 별자리와 땅의 별자리

별 하나가 몰락할 때 별자리 하나가 몰락한다. 별자리 하나가 몰락할 때 하늘 한 켠이 흔들린다. 하늘 한 켠이 흔들릴 때 하늘 全般에 금이 간다. 별 하나가 몰락을 시인시키고, 별자리가 몰락 중의 몰락을 시인시키고, 하늘 한 켠이 몰락 중의 몰락 중의 몰락을 시인시킨다. '하늘 한 켠이 몰락하는데 뭘 그걸 가지고…… 우리 人生이야.' 별자리가 우리를 시인시키는 것이 맞다. ['극단으로서 별' 의 몰락이, '극단으로서 별자리' 의 몰락이, 그리고 '많음으로서 별[자리]' 의 몰락이 몰락을 眞理로 시인시킨다. 몰락의 普遍化에 안도한다]

다섯 식구 중 한 食口가 몰락할 때 다섯 식구 全般이 몰락한다. 이제부터 내가 사는 것이 다섯식구별자리로 사는 것이 아니라, 슬픔으로 사는 것. [食口 하나가 사라질 때 땅 全般에 금이 간다] 별자리와 식구들이 다르지 않다. 별이 극단이듯, 식구 하나하나가 극단이다. 우리네 인생, 우리네 식구가 별자리—'식구' 로 존재하며 하늘의 별—별자리를 정당화시킨다. 우리가 몰락할 때 하늘의 별자리가 '봐봐, 저기 몰락하는 것 봐봐' 외친다.

(시와세계 가을)

시 작 노 트

고양이는 민들레와 희롱할 때 잡것을 의식하지 않는다

가장 좋은 일은 여태까지 일어나지 않았는데 가장 좋은 일이 일어났다면
나는 고양이
그대는 민들레 대궁, 민들레꽃
그대가 고양이면 내가 민들레 대궁, 민들레꽃

고양이는 민들레를 툭툭 치고
민들레는 툭툭 맞는 민들레

고양이와 민들레가 희롱하는 것

잡것을 의식하지 않는 것

박 찬 일 강원도 춘천 출생. 독일 카셀대학 수학. 1993년 《현대시사상》으로 작품 활동 시작. 시집으로 『화장실에서 욕하는 자들』 『나비를 보는 고통』 『나는 푸른 트럭을 탔다』 『모자나무』 등과 시론집 『해석은 발명이다』 『사랑, 혹은 에로티즘』 『시의 위의-알레고리』와 연구서 『독일 대도시시 연구』 『시를 말하다』 『브레히트 시의 이해』 등이 있음. 유심작품상, 시와시학상 젊은시인상, 박인환문학상 등 수상. 추계예술대학교 문예창작전공 교수. nabi56@naver.com

박현수

바둑돌과 마시멜론

하얀 볏집 사일리지 놓인
낯선 가을 풍경을 볼 때마다 떠오르는 구절

"계가 끝나고
검은 돌은 거두어졌다
가을 들녘
흰 바둑돌만 아무렇게나 남아 있다"

늘 좋은 시가 될
예감이 있는 구절은 따로 있는 법
흰 돌만 던져진
한 판 바둑을 복기하는 중인데

차창에 매달려 논을 바라보던
일곱 살 막내가 소리친다
엄마, 저기 커다란 마시멜론이 있어
아, 마시멜론,
몰랑몰랑하고 쫀득쫀득한 마시멜론이 있다
눈과 혀와 살에 와서 닿는 말
때로 말이란 것이 이렇게 '동물動物'이 되기도 한다
계가니 복기니, 궁리가 말을 죽여 왔던 것

아이는 뒷자리에서
금세 다른 일로 엄마와 깔깔대고
나는 운전대를 잡고
혼자 돌을 놓고
혼자 돌을 거두어 들인다
가을 들녘
흰 마시멜론만 아무렇게나 남아 있다

막내의 불계승이다

(시와사람 겨울)

시 작 노 트

마침 알파고와 이세돌의 대결이 있었다. 알파고는 시의 정석에 의문을 제기하였다. 시에서 알파고는 무엇일까. 아무 생각 없이(?) 시적인 말을 던지는 아이들이 아닐까. 나는 늦둥이 아들에게 불계패 당할 때가 많다. 다만 승부가 알려지지 않을 뿐이다.

박 현 수 경북 봉화 출생. 1992년《한국일보》신춘문예로 등단. 시집으로『우울한 시대의 사랑에게』『위험한 독서』, 평론집으로『황금책갈피』등이 있음. 현재 경북대학교 국어국문학과 교수. tryrun@hanmail.net

박형준

칠백만원

어머니는 입버릇처럼 식구들 몰래 내게만
이불 속에 칠백만원을 넣어두셨다 하셨지
어머니가 돌아가시고 난 뒤
이불 속에 꿰매두었다는 칠백만원이 생각났지
어머니는 돈을 늘 어딘가에 꿰매놓았지
대학 등록금도 속곳에 꿰매고
시골에서 올라왔지
수명이 다한 형광등 불빛이 깜빡거리는 자취방에서
어머니는 꿰맨 속곳의 실을 풀면서
제대로 된 자식이 없다고 우셨지
어머니 기일에
이젠 내가 이불에 꿰매놓은 칠백만원 얘기를
식구들에게 하며 운다네
어디로 갔을까 어머니가 이불 속에 꿰매놓은 칠백만원
내 사십 줄의 마지막에
장가 밑천으로 어머니가 숨겨놓은 내 칠백만원
시골집 장롱을 다 뒤져도 나오지 않는
이불 속에서 슬프게 칙칙해져 갈 만원짜리 칠백 장

(문학동네 여름)

시 작 노 트

어머니는 허리 수술을 받으신 이후 인천의 형 집을 거쳐 용인의 요양원에서 지내시다가 돌아가셨다. 지금 하는 이야기는 어머니가 허리 수술을 받기 직전 고향 집에서 혼자 지내실 때의 삽화이다. 고향에 내려온 내게 어머니는 칠백만원 이야기를 하셨다. 장롱 속에서 이불을 꺼내며, 그 이불 속에 내 장가 밑천으로 남겨놓은 칠백만원에 대해 말씀하셨다. 어머니는 내가 대학에 들어갈 때 속곳에 등록금을 꿰매고 올라오셨듯이, 이불 속에 막내의 장가 밑천으로 칠백만원을 꿰매놓은 것이다. 어머니는 다른 자식들에게는 그 칠백만원에 대해 말하지 말고 자신이 죽은 다음에라도 내가 장가를 가게 되면 그 돈을 꼭 찾아가라고 말씀하셨다. 저승의 여비로도 쓰지 않고 자식을 위해 당신이 생애 마지막에 남겨놓은 그 칠백만원. 고향집 장롱 어딘가 이불 속에 어머니가 꿰매놓은 그 칠백만원을 끝내 찾지 못했지만 내 마음속에는 그 돈이 고이 모셔져 있다. 내가 어렵고 힘들 때마다 어머니가 장가 밑천으로 남겨놓은 그 칠백만원을 생각하면 나는 지금도 무엇이라도 견딜 수 있고 힘이 난다.

박 형 준 1966년 전북 정읍 출생. 1991년 《한국일보》 신춘문예로 등단. 시집으로 『나는 이제 소멸에 대해서 이야기하련다』 『빵 냄새를 풍기는 거울』 『물속까지 잎사귀가 피어 있다』 『춤』 『생각날 때마다 울었다』 『불탄 집』이 있음. 동서문학상, 현대시학작품상, 소월시문학상, 육사시문학상, 유심작품상 등 수상. 동국대학교 국어국문 · 문예창작학부 교수. agbai@naver.com

박희정

고소하십니까

깨소금 볶으면서 무성한 소문 볶습니다

무성한 소문 볶으면서 뜬금없는 냄새 맡습니다

말 속에 흩어진 의미,
씁쓸하거나 고소한지요?

봄나물 삶으면서 왁자한 가십 삶습니다

왁자한 가십 건져 조물조물 무칩니다

행간에 새겨진 중의衆意,
쫄깃하거나 물컹한지요?

(나래시조 여름)

시 작 노 트

볶으면서 뒤섞인 의미, 삶으면서 뭉뚱그린 중의衆意,
가지런히 찾아내고 조물조물 무치는 일상!
고소했으면 좋겠다.

박 희 정 2002년 《서울신문》 신춘문예로 등단. 시조집 『길은 다시 반전이다』 『들꽃사전』, 시 에세이 『우리시대 시인을 찾아서』 등이 있음. 중앙시조대상 신인상, 청마문학상 신인상 등 수상. 《나래시조》 편집주간. misshelp@hanmail.net

배한봉

장마

비가 나무를 때리며 운다. 하염없이, 마구, 밤새도록 시퍼렇게 멍들도록 나무를 때리며

운다.

내가 내 울음의 입구와 출구를 모르듯 비가 왜 저렇게 우는지, 언제 그칠지 나는 모른다.

나무는 마냥 울음의 주먹을 다 받아주고 있다. 실은 나무도 까닭 없이 울고 싶을 때가 있다는 몸짓 같다.
밤새도록 멍든 어깨나 등이
아침 되면 검푸른 나뭇잎으로 펄럭이는 것이 그 증거다.

비가 하염없이, 마구, 밤새도록
나무를 때리며 운다.

이렇게라도 주먹질하지 않으면 살 수 없는 시대의 눈물을, 나무는 온몸으로 다 받아주고 있다.

(오늘의문학 가을)

배 한 봉 1998년 《현대시》로 등단. 시집으로 『흑조黑鳥』 『우포늪 왁새』 『악기점』 『잠들 두드리는 물의 노래』 등이 있음. 현대시작품상, 소월시문학상 대상 수상. 경희대학교, 경희사이버대학교 강사. uplove@hanmail.net

변종태

수평선에 걸린 꽃잎

왼쪽 다리에 깁스하고 보니
창가의 제라늄이 삐딱하게 누워 있다.
지구의 중력을 잊고 산 듯
허공은 상처 없는 통증을 밀어 올린다.
한 발 디딜 때마다 꽃잎이 출렁 차례로 넘어진다.
뼈가 부러진 자리엔 제라늄의 붉은 입술이 향유香油처럼 번진다.
왼쪽 다리를 허공에 띄운 채 지는 꽃잎을 읽는다.
잡힐 듯 말 듯한 수평선 너머의 시간들,
지나간 상처는 모두 허공에 머무는 것이라고
네게로 가는 길이 끊어졌다가 이어지고.
수직의 벽마저 수평선을 꿈꾸는지
목발을 기대놓은 벽이 출렁거린다.
그 때마다 네 모습이 보였다, 안 보였다
수평선 너머 네가 일어섰다, 앉았다
고무줄처럼 길게 늘어뜨린 허공의 시간들
네게로 가는 길이 끊어졌다가 이어지는
제라늄 붉은 꽃잎 하나 툭,

(시와사람 가을)

시 작 노 트

섬에서 태어났다. 섬에 산다. 자나깨나 목을 졸라대는 수평선. 나의 기울기를 허용 않는 수평선. 내가 휘청거릴수록 더 심하게 날뛰는 바다를 잠재우기 위해 흔들림마저 조심해야 했다. 늘 균형과 조화를 요구하는 수평선, 그 건너만 바라보면서 생의 절반을 다 보냈다. 붉은 눈으로.

변 종 태 1990년부터 《다층》으로 작품 활동 시작. 시집으로 『멕시코 행 열차는 어디서 타지』 『니체와 함께 간 선술집에서』 『안티를 위하여』 『미친 닭을 위한 변명』이 있음.
bjt0623@empas.com

서안나

웃는 돼지

죽은 돼지는 웃는다
돼지는 죽기 위해 태어나고
웃기 위해 죽는다
죽음도 빼앗지 못하는 돼지의 웃음
귀를 베어 먹어도 웃는다
코를 먹어도 웃는다
272kcal로 웃는다
식칼처럼 웃는다

사람의 입속에서 웃는다
창자 속에서 웃는다
똥 속에서 웃는다
흙속에서 웃는다
돼지 속에서 웃는다
사라진 몸뚱이들이 몰려와 웃는다
펄펄 끓으며 웃는다
물컹거리며 웃는다
죽음 속에서 웃는다

돼지는 식물성이다
웃으면 귀가 풀잎처럼 자란다

평생 비굴함을 다 받아냈을 돼지 귀
치욕을 받들었을 머리
뼈도 아니고 살도 아니다
치욕을 구부려 웃는다

(서정시학 겨울)

시 작 노 트

웃는 것들을 들여다보면 얼핏 슬픔의 무늬가 보인다. 이 시를 쓰면서 오랫동안 돼지머리를 생각했다. 돼지머리를 늘 옆구리에 끼고 다녔다. 치욕적이고 비굴한 것들은 따스했다. 나의 눈과 몸과 영혼에 돼지머리의 누린내와 비린내가 스며들자 드디어 사라진 돼지 몸뚱이가 내게로 왔다. 그리고 함께 웃었다.

서 안 나 1990년 《문학과비평》 겨울호 등단. 시집으로 『푸른 수첩을 찢다』 『플롯 속의 그녀들』, 『립스틱발달사』, 평론집으로 『현대시와 속도의 사유』, 연구서 『현대시의 상상력과 감각』, 동시집으로 『엄마는 외계인』, 서쪽 동인. 한양대, 추계예대 출강.
anna2121@naver.com

서일옥

봄날의 화해

보도블록 한켠에 수선집을 차린 사내
조금씩 상처 입은 신발들을 보살피는 곳
반 평도 되지 않는 공간
연중무휴 성업 중이다

실밥이 터진 자리 밑창이 닳은 자리
남루를 잘라내고 희망에 살을 붙이면
그 작은 경영 속에도
한 뼘만큼의 꿈이 큰다.

곁방 살러 들어온 민들레꽃이 피고
한쪽 다리 절룩이는 고양이도 쉬다 가는
고객이 온돌이라는
문패 더욱 정겹다.

(유심 7월)

시 작 노 트

반도는 지금 전운 가득하다. 우리 주위에 밝은 빛은 없는가? 삶은 언제나 전쟁인가? 그 어두움 속에서 찾아낸 빛의 스케치이다.

서 일 옥 1990년 《경남신문》 신춘문예 시조 당선. 시집으로 『영화스케치』 『그늘의 무늬』 『숲에서 자는 바람』 등이 있음. 가람시조문학상, 한국시조시인협회상, 김달진 창원문학상 외 수상. 현재 마산문인협회 회장, 한국시조시인협회 부이사장. miso51@empas.com

손정순

아현동 명자꽃
— 우리동네 스크린 #9

흔하디흔한 그 이름 뒤로
간혹 살기 띤 바람이 동행했지
한 번도 울타리 밖 넘어 본 적 없지만
늘 울타리 너머를 꿈꾸었지
번뜩이는 가시들이 착한 몸속에 도사린 것도 알아
스무 살,
운명처럼 넌 구멍 난 생의 울타리 넘었지

하루 세 끼 양식과
臣民이 아닌 市民의 양식 위해
쫓기듯 공장과 캠퍼스를 오갔던 명자

4월의 꽃가루처럼 흔하디흔한 네 이름 너머로 흩어지는
양식은커녕 담석증을 앓고 있다는 풍문,
반 지하 문틈까지 침범한 명자나무, 네 몸속으로
세척되지 않은 포르말린 냄새 자욱하구나
젊은 날 불태우던 네 붉은 입술, 간 큰 쓸개
대체 어디다 감췄니?

명자꽃 다 쓰러지는 이 밤
내 담낭에도 자꾸만 단단한 돌멩이가 만져져

밤새 도지는 그날의 꽃잎, 꽃잎들

(쿨투라 겨울)

시 작 노 트

아현동 담벼락을 제집처럼 넘나들던 명자나무는 하나 둘 사라져가지만, 꽃보다도 처연했던 그 시절을 살아냈던 청춘들은 뉴타운 속에서도 영원히 기억되길…

손 정 순 2001년 《문학사상》 신인상에 시 「개심사 거울못」 외 2편으로 등단. 시집으로 『동해와 만나는 여섯 번째 길』과 저서 『흰 그늘의 미학, 김지하 서정시』 『목월 시의 현대성 연구』 등이 있음. more-son@hanmail.net

손택수

칼새

칼날을 날개로 가져서 스칠 때는 스윽 공기도 슬라이스로 저며진다 칼솜씨가 어찌나 날랜지 전설의 포정이 따로 없다 울릉도 성산봉 같은 봉우리나 서해 외딴섬 바위절벽 같은 데 둥지를 튼다 지상을 밟는 걸 수치스럽게 여겨 공중에서만 산다는 설이 있다 공중을 침상으로 삼아서 구름을 베고 자는 것으로 알려져 있다 날면서 잠을 자다니, 칼을 품고 자다가도 기척이 들리면 번쩍 눈을 뜨는 무협영화의 검객을 닮았다 칼새에게선 더러 일상의 비루함을 끌어안고 사는 아비들의 고단한 신음 소리가 나기도 한다 내 벗의 아비도 칼새였다 자전거에 숫돌을 싣고 항구의 골목골목을 누비던 그는 공친 날이면 라디오를 틀어놓고 음악을 녹음하며 지냈다 칼과 음악이 그의 일생이었던 셈이다 자식들 아무도 물려받지 않은 사과박스 열세 박스의 테이프를 물려받은 건 나다 테이프 속에서는 처마 끝에서 떨어지는 빗소리도 들리고 수저 부딪는 소리도 들린다 너거 아부지 저 짓 좀 그만했으면 소원이 없겠다 이 비좁은 집에 테이프로 벽을 쌓았다 테이프에 깔려 죽겠구마 끓는 소리 사이로 묵묵히 음악은 흘러간다 나는 여든 노인의 칼 가는 소리와 칼새 울음소리를 도무지 구분할 수가 없는데, 번식 때만 잠시 둥지에 내려온다는 새를 포착한 사진은 모두 하늘을 배경으로 하고 있다 밤새 술접대를 하고 찜질방에서 칼잠이 들 때면 생각했다 한 번도 들어본 적 없는 칼새 울음소리 속에서

(시와정신 여름)

손 택 수 1998년 《한국일보》 신춘문예로 등단. 시집으로 『호랑이 발자국』 『목련전차』 『나무의 수사학』 『떠도는 먼지들이 빛난다』 등이 있음. 노작문학상, 신동엽문학상, 임화문학예술상 등 수상. ststo700@hanmail.net

송종찬

눈의 묵시록

갈 데까지 간 사랑은 아름답다

잔해가 없다
그 곳이 하늘 끝이라도
사막의 한가운데라도
끝끝내 돌아와
가장 낮은 곳에서 점자처럼 빛난다
눈이 따스한 것은
모든 것을 다 태웠기 때문
눈이 빛나는 것은
모든 것을 다 내려놓았기 때문
촛불을 켜고
눈의 점자를 읽는 밤
눈이 내리는 날은 연애도
전쟁도 멈춰야 한다
공장의 문을 닫고
신의 음성에 귀 기울여야 한다
성체를 받듯 혀를 내밀어 보면
뼈 속까지 드러나는 과거
갈 데까지 간 사랑은

흔적이 없다

(쿨투라 여름)

시 작 노 트

눈을 사랑하며 몇 계절을 보냈다.
눈밭에 나뒹굴고, 눈길을 걷고, 눈 속에 갇히고,
눈은 가질 수 없는 애인이었다.

송 종 찬 1993년 《시문학》으로 작품 활동 시작. 시집으로 『그리운 막차』 『손끝으로 달을 만지다』가 있음. ssongchan@naver.com

송찬호

백한 번째의 밤

촛불 세 자매는 밤을 맞을 채비를 했다
식탁을 치우고
은접시를 닦고
아궁이 불을 꺼뜨리고
동면에 들어갈 벌들에게 캄캄한 꿀을 먹였다

이윽고 밤이 찾아왔다
커튼이 드리워지고
문들은 굳게 닫혔다
현관엔 무거운 쇠구두가 가지런히 놓여 있고
문 밖 매어 둔 나무염소도 꿈쩍 않고 서 있었다

촛불 자매들은 나직나직이 일렁거리며
불의 수의를 짰다
피투성이 재투성이 밤의 어깨와 허리 치수를 재어가면서
그리고, 이런 노래를 불렀다

어디선가 싸움은 그치질 않고
기다리는 사람은 아직
돌아오지 않고 있네
아득하여라,

앞날을 보지 않기 위하여
우린 밤의 눈을 찔렀네

(시인동네 여름)

시 작 노 트

우리는 누군가를, 무엇인가를 기다리며 산다.

송 찬 호 1959년 충북 보은 출생. 1987년 《우리시대의문학》으로 등단. 시집으로 『10년 동안의 빈 의자』 『분홍 나막신』 등이 있음. sch2087@hanmail.net

북향집

남南을 등지고

삼청공원 눈으로 오르는데

여명의 빛

창 덮은 한지 사이로 흘러라

곡진한 눈치를

떠오르는 햇살이 알았는지

둘러 둘러

북향 내 집 앞니만 한 뜰에도

설핏 내리더라

푸릇한 새벽빛이

잇몸처럼 붉어지더라

(문학사상 1월)

신 달 자 1943 경남 거창 출생. 1964년《여상》신인문학상 수상. 1972년《현대문학》추천완료. 시집『열애』『종이』『살흐르다』외 다수. 영랑문학상, 한국시인협회상, 대산문학상, 정지용문학상 등 수상. 한국 인협회장 역임. dalja7@hanmail.net

신덕룡

홍시

— 하멜서신

나뭇가지 끝에서 까치가 홍시를 쪼아먹고 있었다.
얼어붙은 채 아낌없이 몸을 내주는
죽음, 꺼져가는 불꽃이었다.

고요한 아픔이 겨울 한복판에 제 이름을 새겼다.

눈이 내렸고
조용히 흩날리는 눈발 속에
까마득히 잊혔을 것 같은 얼굴들이 떠다녔다.

한결같이 서글픈, 새가 날아가 버린 하늘처럼 아득한
허공중에 떠도는 흔적들

우두커니 서서 수평선 너머를 떠올리다
문득,
모든 헐벗은 나무들은
텅 빈 하늘에 뿌리를 내리고 뻗어간다는

춥고 어두운 길모퉁이에
등불 하나 내걸고
제 내력을 끌어안고 길 떠나고 있다는 상상을 했다.

구불구불 끝도 없이 이어지는

지구 반대편을 향해
낡고 삭아 푸석거리는 꿈에 입김을 불어넣는
내 쓸쓸한 기도는
낯선 하늘에, 뿌리를 내리기도 전에 꽝꽝 얼어붙고 있었다.

(시와경계 겨울)

시 작 노 트

시는 독자를 행복하고 편안하게 해 주는 꽃향기가 아니다. 오히려 손톱 밑에 박힌 작은 가시 같은 것이다. 잊었는가 하면 나타나서 고통을 주는, 나는 물론 남의 처지를 한 번쯤 돌아보게 하는 것이란 의미에서다.

신 덕 룡 양평 출생. 1985년 《현대문학》, 2002년 《시와시학》으로 평론과 시 등단. 저서와 시집으로 『환경위기와 생태학적 상상력』 『생명시학의 전제』 『소리의 감옥』 『아름다운 도둑』 등이 있음. 김달진문학상, 발견문학상 수상. 현재 광주대 문창과 교수.
sdry56@daum.net

라퐁텐의 천사들

지구는 악마투성인데 우화에는 늘 천사가 없지.

가령, 홍적세 만년 고사리 숲속 작은 집
안녕! 한마디 말로 꽃피우는 아이들
새를 불러 모으고 가지를 늘어뜨린다.

누군가 꿈꾸고 누군가 꽃잎을 들치고
누군가 식탁을 두드리며 노랠 흥얼거리는 저녁나절.

나른해! 누군가 말하면
모두 눈썹 위에 설탕을 뿌리고 다디단 잠을 잔다.

식탁에는 호리병.
흔들의자 위에는 사탕 그릇.
사탕 그릇 속에 꽝꽝 얼어붙은 설탕 시럽.

녹아 허물어져 가는 벽 틈,
연유를 칠한 크래커 처마 아래 막대사탕 굴뚝.
초콜릿으로 빚은 문고리는 집을 드나드는 이의 떡니라도 되는 듯 반짝인다.

설탕 시럽에 발을 담갔다가는 잽싸게 창문을 빠져나가는 개똥지빠귀.
호리병 속에서 시간이 조금씩 잦아든다.

기다리는 손님이라고는 고개를 조아리고
발바닥에 묻혀 온 길을 터는 공손한 뒤꿈치들.

가령, 아이였음을 기억하는 아이들밖에 없는
아이들이 지은 집.

사탕은 여전히 단단하고
아이들은 시럽 속으로 가만히 녹아든다.

(문학사상 1월)

시 작 노 트

"가장 좋은 것을 망치는 것이 가장 나쁘다. Corruptio optimi pessima" - 마르키온

신 동 옥 2001년 《시와반시》로 등단. 시집 『악공, 아나키스트 기타』 『웃고 춤추고 여름하라』, 산문집 『서정적 게으름』 등이 있음. poetman77@hanmail.net

신용목

송별회

이 불판을 데우는 것은 타오르는 단풍 같습니다. 저 접시에 담겨 나오는 것은
갓 떨어진 낙엽 같습니다.
놀랍게도, 고기는 연기의 빛깔로 익는군요.
재의 색깔인가요?

내 몸속에는 아직 잎을 떨구지 못한 단풍들이 가득 담겨 있습니다.

아무래도 빨갛게 타고 있는 모양입니다. 모든 말들이 연기로 피어오르고 있으니,
모든 문장이 재로 남아 있으니,
한 점씩 집을 때마다 고백이 많아집니다.
후회에는 냄새가 나는군요.

나는 낙엽이 점점 무거워져서 떨어지는 것만 같습니다.
바람이 불면 돌멩이가 날아오는 것만 같습니다.

그리고, 내 몸에 불이 번질 것 같습니다. 웃지 마세요. 입 속에 불씨가 보입니다.

낙엽이 다 졌는데 왜 바람이 부는 걸까요?

그날 내 입술에서 흘러나온 낙엽 한 장을 부드럽게 핥아주었던 것은 두고두고 잊지 않겠습니다.

화상연고 같은 안개가 강둑을 넘어오는 시간입니다.
누가 강물을 짜내고 있는 시간입니다.

얇게 썬 살코기를 매단 나무를 올려다보면, 꿀꿀거리며 죽어가는 잔별들이 보입니다.

정말로 밤은 끝을 오므린 검은 봉지일까요?

어느 날, 내 몸속의 잎들이 한꺼번에 지는 날이 있을 겁니다.
내 몸을 찢고 나온 슬픈 식사가 있을 겁니다.

계절이 헐렁한 바지를 입고 성큼성큼 어디론가 가고 있는 것 같습니다만,
내 몸을 뒤춤에 아무렇게나 기워놓은 호주머니로 사용하지는 않겠습니다.
찌그러진 담뱃갑처럼 슬픔 따위를 구겨넣지는 않겠습니다.

(현대문학 11월)

시 작 노 트

식탁 앞에, 헤어지기 위해 마주앉은 나와 잊혀지기 위해 고기를 씹고 있는 당신과 사라지기 위해 타오르는 불꽃에게.

신 용 목 1974년 경남 거창 출생. 2000년 《작가세계》 신인상으로 등단. 시집으로 『그 바람을 다 걸어야 한다』 『바람의 백만번째 어금니』 『아무 날의 도시』 등이 있음, 노작문학상, 시작문학상, 육사시문학상 젊은시인상 수상. sinym74@daum.net

신필영

별 나던 저녁

어스름 엷은 빛에 어머니 열 손가락
밀반죽 달같이 밀어 안동국시 차려내면
풋 배추 몇 잎에 뜨는 별맛 없이 별나던 맛

모깃불 맵싸하게 눈물조차 매달리는
하지점 건너가며 금박 찍는 밤하늘에
살평상 삐걱거리며 발장단 맞춰주던

(화중련 19호 2015 상반기)

시 작 노 트

사소한 일에도 마냥 가슴 두근거리던 눈물겨운 때가 있었습니다. 아는 것이 별로 없고 궁금한 게 많은 때였습니다. 듣고 보는 것들이 다 별나게 와 닿았습니다. 알 수 없는 호기심과 두려움이 새로운 다짐을 낳기도 했습니다. 별이 가득한 밤하늘을 유영하는 환상에 빠지기도 했습니다.

지금도 먼지 앉은 마음창고 잡동사니들 속 어딘가에 녹슬어 있을 그 보물들을 찾아내 반짝반짝 닦아주고 싶습니다.

신 필 영 1983년 《한국일보》 신춘문예로 등단. 시집으로 『달빛 출력』 『둥근 집』 『누님 동행』 『지귀의 낮잠』 등이 있음. 이호우시조문학상, 오늘의시조문학상 등 수상.
pil0703@naver.com

심재휘

밑줄을 긋지는 않았지만

장마가 끝난 하늘은 너무 맑아서
너무 멀리 온 것이 드러난 구름
감추어 둔 말을 들켜버린 저 한 줌의 옅은 구름

전하지 못한 말들을 버리지도 못하고
너무 멀리 흘러와 버렸구나
괄호 속에 말을 심고
꽃 피지 못하는 말들에게 안대를 씌워주던 때
차라리 봄 가뭄은 견딜 만했다고 쓸까

장마 갠 하늘은 너무 맑아서
곧 흩어질 드문드문한 구름들이 눈물겹다
너무 맑아서 먼 것이 너무 멀어서
오래 고여 있던 말들은 구름 따라
젖은 도로로 흘러가고
흘러가다가 뒤를 돌아볼까 봐
나는 몇 마디 중얼거려 본다

마지막 사흘을 퍼붓던 비가 그치고
아무렇지도 않은 듯 이렇게 맑은 하늘이라면
이제는 페이지의 접혀 있던 귀를 펴야 할 때

밑줄을 긋지는 않았지만 그 문장들 아래
없는 밑줄도 이제는 지워야 할 때

(시인수첩 가을)

시 작 노 트

기다렸다는 듯이 이제 막 성인이 된 딸에게 술을 가르쳐 보려고 애를 써 보았지만 뜻대로 되지 않는 밤이다. 마음대로 되는 게 별로 없다. 비가 오려는지 달무리가 졌다. 술은 혼자 마시는 게 제맛이다.

심 재 휘 1997년 《작가세계》로 등단. 시집으로 『적당히 쓸쓸하게 바람부는』 『그늘』 『중국인맹인안마사』가 있음. 대진대학교 한국어문학부 교수. jhshim@daejin.ac.kr

안희연

당분간 영원

먼발치에서 바라본다
말없이 돌을 나르는 사람, 돌을 끌어안고 돌이 된 사람,
그들의 등 뒤로
비밀스러운 해가 진다

저것은 선의인가
죽어가는 맹수에게 핏물 흐르는 고깃덩어리를 던지듯이

나는 내 안에
아직 아름다움이 남아 있다는 사실에 놀란다

쉽게 떼어지지 않는 걸음을 옮긴다
돌을 나르는 것 외엔
달리 아무것도 할 수 없는 평생
밤은 밤대로 필요하고
식물에게는 목소리가 없는 이유

나는 이 영원을 기록하기 위해
세상 모든 길을 걸어야 하는 사람

쌓으려는 손도 허물려는 손도

모두 같은 시간의 용광로 안에서 끓고 있다

불길은 잦아들지 않았다
계단을 오르던 사람은 계속 계단을 오르고
떠내려가던 사람은 계속 물 위를 떠가고

날마다 아이들이 태어난다
폭죽은 잔해의 다른 이름

어느 밤 꿈엔 낯선 이가 머리를 들이밀었다
당신은 무엇을 잘못했습니까

눈을 뜨면 길을 걷고 있었다
어떤 개는 목줄에 묶인 사람을 끌고 갔다

(현대시학 4월)

시 작 노 트

세상은 쉽게 변하지 않는다. 릴케의 시 「가을날」에서처럼, 지금 집이 없는 사람은 더 이상 집을 짓지 않을 것이며 지금 혼자인 사람은 이리저리 불안스레 해매일 것이다. 이 같은 '당분간'의 세계는 영원히 지속될 것이다. 그러나 비관하고 싶지는 않다. 이 모든 것들 —— 공포와 불행, 절망과 죽음 —— 에게는 나름의 존재 이유가 있을 테니까. 다행히 우리 안에는 아직 '아름다움'이 '남아 있다'. 인간에게 남은 마지막 희망은 바로 그것이 아닐까. 꿈꿀 힘. 뒤집을 힘. 우리 안의 아름다움만이 할 수 있는 일.

안 희 연 2012년 《창작과비평》으로 등단. 시집으로 『너의 슬픔이 끼어들 때』가 있음.
elliott1979@hanmail.net

양문규

여여如如하였다

지난겨울 천태산은 눈보라치는 절벽에서도 여여하였다

천태산 산방 주인 잃고 구들장 내려앉아도 여여하였다

산방 앞 키 큰 미루나무 싸늘히 식은 가지들 매달고도 여여하였다

키 큰 미루나무 꼭대기 까치집 흔들어 놓는 세찬 바람소리에도 여여하였다

까치집과 마주하는 언덕 위 날망집 늙은 과부 찬물에 홀로 밥 짓고 빨래하면서도 여여하였다

날망집 아래 천년 은행나무 폭설 속에 잔가지 뚝뚝 내려놓고도 여여하였다

천년 은행나무 옆 감나무 꼭대기 얼어 터진 홍시 쭈그렁 살 내리고도 여여하였다

감나무 지나 깔딱고개 가시철망 둘러쳐져 고라니 넘나들지 않아도 여여하였다

깔딱고개 빙판길 숨 고르며 오르는 사람 발자국 하나 없어도 여여하였다

온 천태산 주인하며 염불하는 젊은 승僧 번지르한 이마빼기도 여여하였다

(시와문화 겨울)

시 작 노 트

자연은 있는 그대로의 삶으로 여여如如하다. 천태산을 이루는 물상과 구성원은 예전과 다름없이 여여하다. 여여하지 않으면서 어찌 여여한 삶을 누릴 수 있겠는가. 천태산은 묵묵히 여여하다.

양 문 규 충북 영동 출생. 1989년 《한국문학》으로 작품 활동 시작. 시집으로 『벙어리 연가』 『영국사에는 범종이 없다』 『집으로 가는 길』 『식량주의자』, 산문집 『너무도 큰 당신』 『꽃은 아무 말도 하지 않았다』, 평론집 『풍요로운 언어의 내력』이 있음. 논저로 『백석 시의 창작방법 연구』 등이 있음. ymoonku@hanmail.net

구름의 북쪽

당신의 소식이 더 이상 오지 않는 봄이 온다 해도 내게는 오래 간직한 낡은 마음이 있소 그것으로 족하오 낡은 마음은 봄에 다시 새로운 마음이 되오

— 조용미, 「구름의 서쪽」

그대의 당신이 그랬던 것처럼 나도 죽음 근처에 다녀왔소 다녀온 지 이태가 흘러가고 있지만 달라진 건 별로 없소 전에는 실재였던 것들마저 부재 근처로 가 버린 듯해 부재를 오롯이 견딜 뿐이지만 나 역시 이전의 나는 아닐 것이오

부재는 다만 부재로서만 실재에 희미하게나마 손 내미는 것일지도 모르오 더 이상 극복해야 할 무엇마저 갖고 있지 않소 그럼에도 불구하고 아름답고 비루하고 쓰라리고 신비한 이 삶을 나 역시 또다시 살아내야 하는 것이오 그 뜨겁던 여름이 가고 섬세한 언어 같던 가을이 왔고 금세 뼛속까지 시린 겨울이 깊었소

그리움! 하고 혼잣말로 불러보니 그마저 부재의 어둠 속으로 사라지는 뒷모습만 설핏 본 게 언제였던가 싶소 이 언저리에는 추억마저 온전히 부재하오 새로운 형식의 그리움이 차라리 침묵이라면 그것을 끝내 간직하겠소 죽음이 다시 부를 때까지 나는 그 잿빛 먹먹함을 들여다볼 것이오

온전히 그대의 것인 서러움에 대해서라면 할 말을 잃게 되오 다만 우리는 오래 고통을 나누었소 만나지 않고서도 나누었소 그대 서늘한 낡은 마음에 내 보잘것없이 낡은 마음을 가만히 보태 보는 게요 내 낡은 마음도 봄에는 다시 새로운 마음이 되었으면 하고 말이오

(현대시학 3월)

시 작 노 트

죽음 근처에 다녀온 지 2년 반이 넘게 흘렀다. 회복까지는 많이 걸려도 6개월이면 충분할 거란 생각은 완벽한 오만이었다. '먼 우레처럼 다시 올 것이다' 라는 표제의 시집을 낸 지 역시 2년 반이 넘었건만, 정작 난 아직 먼 우레는커녕 집 나간 옆집 암캐만큼도 다시 오지 못하고 있다. 당연히 삶에도 불가역성이란 게 있다. 새로 온 봄에도 불구하고, '불능' 을 그저 어쩔 줄 모르고, 껴안고 낑낑거리고 있다.

엄 원 태 1990년 《문학과사회》로 등단. 시집으로 『침엽수림에서』 『소읍에 대한 보고』 『물방울 무덤』 『먼 우레처럼 다시 올 것이다』 등이 있음. candooo@hanmail.net

염창권

11월

그림자를 앞세우는 날들이 잦아졌다
캄캄한 지층으로 몰려가는 가랑잎들
골목엔 눈자위 검은 등불 하나 켜진다

잎 다 지운 느티나무 그 밑둥에 기대면
쓸쓸히 저물어 간 이번 생의 전언이듯
어둔 밤 몸 뒤척이는 강물 소리 들린다

몸 아픈 것들이 짚더미에 불 지피며
뚜렷이 드러난 제 갈비뼈 만져볼 때
맨발로 걷는 하늘엔 그믐달이 돈는다

젖 물릴 듯 다가오는 이 무형의 느낌은
흰 손으로 덥석 안아 날 데려갈 그것은
아마도, 오기로 하면 이맘쯤일 것이다.

(유심 11월)

시 작 노 트

11월의 어수룩한 풍경들을 떠올려 본다. 난방을 켜지 않은 썰렁한 실내의 분위기가 인상적이다. 나뭇잎들이 땅바닥 위를 쓸려갈 때, 공기의 파장은 지층을 흘러가는 물소리같이 들린다. 이때부터 사물들의 골격이 점차 뚜렷해지기 시작한다.

수습되지 못한 생각과 느낌들이 11월이라는 이름 속에 이입되어 있다. 이로 인해 이 달은 연중 어느 때보다 부산하다. 어둠은 언제나 생각보다 일찍 다가와 있다. 움푹 깊어진 허공 속에서 사람들의 얼굴이 떠돌아다니는 것을 본다. 안색이 밝지 않은 11월, 서자庶子와 같은 달이다. 어둑한 거리에 묵상에 든 사물들, 모든 존재자들의 그림자가 한층 길어진다.

그리고 우리가 11이라고 썼을 때, 11월은 애착과 이별이라는 두 겹의 벽을 만들어 그 틈새에 우리를 끼워 둔다.

염 창 권 《동아일보》와 《서울신문》 신춘문예로 등단. 시집으로 『그리움이 때로 힘이 된다면』 『일상들』, 시조집 『햇살의 길』 『숨』이 있음. 한국시조시인협회상, 중앙시조대상 수상. gilgagi@hanmail.net

오승철

압록강 단교斷橋

자 받게, 이 사람아, 아니면 따르던가
내가 니 보러왔지
누굴 보러 왔겠나
아, 얼른 이 잔 안 받어 팔 떨어지겠어

단둥과 신의주 사이 뚝 끊긴 철교처럼
삐걱이는 이 환상통아
팔 떨어지겠어
압록은 어디로 뜨고 가을만 흐르는 강

안고파라,
아직은 내가 이승의 노래일 때
돌아서면 남보다 더 낯선 내 사람아
아, 얼른 이 잔 안 받어
팔 떨어지겠어, 썅

(시조21 겨울)

시 작 노 트

모처럼 단둥에서 옛 애인 만났는데
'썅' 소리만 남겨두고 왔다.

오 승 철 1981년《동아일보》신춘문예 당선. 시집으로『터무니 있다』등이 있음.
osc3849@empal.com

유안진

등산학교 교훈

산울림을 들어야 등산登山한 것이다

올라가는 것은 깊어지는 것이기 때문이다
깊이는 높이의 본명本名이기 때문이다
신의 목소리는 거기서만 들리기 때문이다

(시와반시 봄)

유 안 진 1965년 《현대문학》으로 등단. 시집 16권, 시선집 등이 있음. anjyoo@hanmail.net

유재영

북천北天

그날 밤 산 너머 그 산 너머 석남꽃 피는 마을 기러기 떼 물고 가는 청동빛 소리 내 후생後生도 무언가 궁금했는지 빼꼼이 창을 열고 내다보고 있었다

(문학선 가을)

시 작 노 트

석남꽃은 티벳 나라의 국화國花. 지난 가을 밤섬 부근에서 나와 헤어졌던 청동빛 울음들은 지금 어디쯤 날고 있을까.

유 재 영 충남 천안 출생. 1973년 시 박목월, 시조 이태극 추천으로 문단에 나옴. 시집으로 『한 방울의 피』『지상의 중심이 되어』『고욤꽃 떨어지는 소리』『와온의 저녁』, 시조집 『햇빛시간』『절반의 고요』『느티나무 비명 碑銘』, 4인집 『네 사람의 얼굴』『네 사람의 노래』 등이 있음. dhsbook@hanmail.net

哭의 리듬

흰 봉투에 들고 찾아가
절을 하면
哭을 한다 검은 양복 입은 사람들이
얌전히 내 옆에 두 손을 모으고 서서 哭을 한다

저 소리가 좋다
나는
우리나라 사람들의 몸속에 저장되어 있는 저 哭의 리듬이 좋다

다르다 밥도 장례식장에서 먹는
밥은 다르다
장례식장에서 주는 국물은 다르다
하얀 종이그릇에 담아 주는 국물은 밍밍하다
저승맛이다

한 달에 두어 번쯤
부음이 오면 좋겠다

오만 원만 내면 들을 수 있는 저 哭의 리듬, 저 哭의 리듬을 듣고 싶다

오늘도 나는 흰 봉투 들고 저 소리 들으러 왔다

(유심 10월)

시 작 노 트

연습도 하지 않았는데/ "아이고, 아이고~"/ 죽이 착착 맞는 이중창을 하며/ 고개를 숙이고/ 웃음 없이/ 악수를 청하면 악수를 하고/ 위로를 하면 위로를 받고/ 동생과 나는/ 문상객들을 맞았었다.

지금 생각하면 그 모습, 좀 웃긴다.

유 홍 준 1962년 경남 산청 출생. 1998년 《시와반시》로 등단. 시집으로 『나는, 웃는다』 『저녁의 슬하』가 있음. yuhongjun62@hanmail.net

이규리

여름 신림동

다섯 평을 견디는 낮과 밤들아
너무 애쓰지 마
우리는 잊혀질 테니

식당에 앉아 혼자 밥을 먹는다
한 방향으로 앉아

꿈을 버렸느냐 그런 건 묻지 않는다

골목마다 반바지와 슬리퍼가 나오고
저 발들이 길을 기억하게 될는지

비참하지 않기 위해 서로 말을 걸지 않는데
그게 더 비참하단 걸 또 모르는 척 한다

더위 정도는 일도 아니야
다섯 평을 견디는 이들은
세상이 그들을 견디지 않는다는 것도 안다

신림동은 산다 하지 않고
견딘다 한다

그래서 골목이 숨어라숨어라
모서리를 만들어 준다

나도 이곳에 편입해
순두부 알밥 부대찌개 사이 모서리를 돌 때

목이 메여
자꾸 목이 메여

목을 맬까 생각도 드는 것이다

언젠가 TV에서 본 장면이 잊히지 않아
한쪽 발에만
간신히 걸려 있던 삼선 슬리퍼

이건 끝을 모르는 이야기

갈매기처럼 한 곳을 향해 혼자 밥 먹던 이들아

슬퍼하지 마
우리는 잊혀질 테니

말없이 사라진 슬리퍼 한 짝처럼
슬리퍼조차 떠나간 빈 발처럼

(시로여는세상 가을)

시 작 노 트

더 물러설 곳이 없는 데서 돌아서게 될 때 의외로 침착한 속도가 생긴다. 거기서 시작이다. 신림동은 나아갈 것이다.

이 규 리 1994년 《현대시학》으로 등단, 시집으로 『앤디 워홀의 생각』 『뒷모습』 『최선은 그런 것이에요』 등이 있음. kyureelee@hanmail.net

이기철

목백일홍 옛집

연필을 놔두고 나온 것 같다
빨랫줄에 걸린 수건에는 지나가던 소식들이 자주 걸렸다
늘 정직하기만 한 과꽃과의 이별
내가 떠나는데도 눈빛이 맑던 쟁반
피부가 하얀 접시
깨어지면서도 음악이 되던 보시기
마음을 접고 펴던 살 부러진 우산
화요일과 목요일의 날개에 아무 차이가 없는 나비
자고 나면 새 아이들을 데리고 나오는 나무
나쁜 이파리라고는 하나도 없는 집을
나는 신던 신발을 신고 너무 멀리 걸어나왔다
나 없어 혼자 놀다 가는 사금파리에 담긴 정오
목백일홍은 전화를 못 받아서
안부를 물을 수도 없는 지금

(문학사상 9월)

시 작 노 트

내 소년의 단짝은 쟁반, 접시, 보시기, 우산, 과꽃, 노랑나비, 잠자리, 하나 더 있다고 말하려면 가슴부터 아파오는 볼우물 소녀, 지금은 전화를 걸어도 못 받는 나무백일홍

이 기 철 1972년 《현대문학》으로 등단. 시집으로 『청산행』 『유리의 나날』 등 다수. 김수영문학상 등 수상. poet3943@hanmail.net

이남순

나뭇잎 차일

한여름 뙤약볕이 등허릴 후려쳐도

겹겹이 바람을 당겨 잎잎이 몸 세우고

하늘도 어쩌지 못할 차일 한 채 짓고 있네

쪽잠 든 저 노숙 단꿈 하마 깨일까

뒤척이는 그를 따라 너울너울 품을 열어

불볕을 삼키고 있네, 초록의 한낮 고요

노을 자리 번져들 때 그도 갔네, 붉은 길을

굽어진 저 행로에 햇살 기운 그늘 한 채

그 먼 길 상여도 없이 나뭇잎만 덮고 가네

(좋은시조 가을)

시 작 노 트

종로거리는 늘 왁자합니다.

수많은 사람들이 무심코 스쳐가는 가로수 그늘에 한 남자가 죽은 듯 잠들어 있었습니다.

누구의 남편이고 누구의 아버지일 테고…… 어떤 집안 금지옥엽이었을 수도 있었을 텐데

어쩌다 저 모양 저 꼴이 되었을까……

퇴근길에 그 사람 실려 가는 걸 봤습니다.

노을만이 눈시울을 붉히고 있었습니다.

이 남 순 2008년《경남신문》신춘문예로 등단. 시집으로『민들레 편지』가 있음. 2013년 이영도시조문학상 신인상 수상. manbal6237@hanmail.net

낮꿈

더 오래 어둡고 흥건한 잠이었어. 수초는 부드러웠고 냄새는 향그러웠어. 조금씩 젖어들면서 목울대가 잠겨왔어.

녹슨 금관이던가 떨리는 현이었던가. 이슥고 몽롱한 낮꿈에서 깨어난 순간, 홀연히 시간의 꼬리가 달아난 순간이었어.

처음 네 몸속으로 깊숙이 들어가 본, 그 밤 따뜻했던 물관부를 떠올렸지. 이불을 더 위로 올려 깊은 숨을 쉬었지.

쇠골을 드러낸 채 낮은 문을 열었어. 까마득 존재마저 잊었던 사람에게 무작정 주소불명의 편질 쓰고 싶었어.

설레고 고단한 잠, 길 잃은 한낮의 꿈. 긴 늪 혹은 숲길, 홀로 된 타인이었다가 표백된 자작나무처럼 아득히 서 있었지.

(유심 4월)

시 작 노 트

낮꿈을 꾼 적이 있다. 햇살과 바람이 좋은 날이었다. 꿈은 늘 결핍을 경험하게 하고, 깨어난 순간 그 결핍을 확인하곤 한다. 금관의 화려한 떨림, 어디선가 들려오는 현악, 그 황홀하고 몽롱한 시간은 금방 사라지고 만다.

그날의 에로티시즘도 마찬가지다. 아득히 젖어들게 하고, 헤엄치게 하고 풍성한 머릿결에 몸을 맞기기도 한다. 하지만 언제인 듯 이내 사라진다. 내가 잡은 것은 잘려나간 시간의 꼬리뿐, 거울 속엔 타인처럼 낯선 내가 보인다. 늘 혼자인 채 표백된 나.

이 달 균 1957년 경남 함안 출생. 1987년 시집 『南海行』과 무크 『지평』으로 등단. 시집으로 『문자의 파편』 외 4권과 영화 에세이집 1권이 있음. 중앙시조대상, 경남문학상 외 수상. moon1509@hanmail.net

이명수

行萬里路

나를 넘어 나를 만날 수 있을까
동기창董其昌*이 타이른다
살아 있는 너를 만나려면
만리를 여행하라

서역西域 만리 미얀마에 떠 있다
광활한 버강 들녘 달빛 사이로
정체불명의 비행 물체 하나 내려앉는다
수천 불탑과 황금 사원이
걸어온다
맨발의 아난다阿難陀가 걸어온다

어디에도 나는 없다
나라고 할 만한 것이 없다
등 굽은 노승의 나직한 독경 소리만
잠든 이라와디 강을 쓰다듬는다

내 몸 안에서 나를 기다리는
맨발의 아난다여

만리를 걸어서 내게 다시 왔다

*명나라 말기 문인화가

(현대시학 8월)

시 작 노 트

돌아오지 않는 날이 있다.
돌아오는 날이 있다
돌아오지 않는 날은 내가 걸어온 길이다
돌아오는 날은 내가 걸어갈 길이다
만 리는 못 될지라도 나는 걸어갈 것이다
관광객이 아니라 진정한 여행자로서 어느 낯선 길에서 저녁을 맞을 것이다

이 명 수 1945년 경기도 고양 출생. 1975년 《심상》 신인상으로 등단. 시집으로 『공한지』 『흔들리는 도시에 밤이 내리고』 『등을 돌리면 그리운 날들』 『왕촌일기』 『바람코지에 두고 간다』, 시선집으로 『백수광인에게 길을 묻다』 등이 있음. 한국시인협회상 수상. 계간 시지 《詩로여는세상》 발행인. lms4528@hanmail.net

이병초

봄날

꽃부터 솎아야 한다고들 해서
가지가지 온통 하얀 사과꽃 앞에 섰는데
어떤 꽃을 솎아야 할지 잘 모르겠다
수정된 꽃인지 아닌지 도무지 알 수 없어서
너 통하였느냐 물어보려는 참인데
벌 한 마리 꽃에 스미어 미동도 않는다
꽃이 손가락 끝을 세워
벌의 어딘가를 긁어대는지
사알살 긁고 긁힐 수록
살은 파들거리며
머릿속의 무거운 것들이
시원하게 긁혀 나오는
수상한 쾌감을 맛보는 건지
발소리 죽이고 어서
빠져나가야겠다 싶은데
어라, 사과나무에 실눈 뜬 새싹들
숨이 몽글몽글해졌다

(작가의 눈 겨울)

시 작 노 트

내 연구실에 못 가 본 지 7개월이나 되었다. 동료들과 망년회 때 먹자고 35도 막소주로 복분자술을 담가 두었는데 지금쯤 먹기가 딱 좋을지 어떨지. 금승리 들판을 쓸어온 봄바람이 교정에 일렁일 때는 송홧가루 섞인 햇살이 동료들 눈썹에 자꾸 묻어나겠다.

이 병 초 전주 출생. 1998년 《시안》으로 등단. 시집으로 『밤비』 『살구꽃 피고』가 있음. 불꽃문학상 수상. lbc98@hanmail.net

이상호

장단 · 14

"나나 늙지 너는 왜 늙누?"

미루고 미루다 연말정산 하듯이 어버이날 한꺼번에 효도나 좀 해 보려고 내려가겠다고 미리 전화를 드리니 내려온단 말만 들어도 내려온 거나 마찬가지라면서 한사코 내려오지 말라는 어머니께 심심한 심려를 끼쳐드리며 고향에 내려가서 들은 말씀

당신은 세월을 타고 훠이훠이 가시면서
아들만은 세월이 비켜 가기를 바라신다

말도 안 되는 말씀이지만
되지도 않는 억지이지만

나를 끓인다
뜨거운 역설,

내가 물김치를 잘 먹는 줄 아시는 어머니
저녁상을 물리시면서 사알짝 일러 주신다

"혹시 몰라 물김치 담아놨으니 갈 때 챙겨라."

(월간문학 7월)

시 작 노 트

부모와 자식 사이의 정이 예전 같지 않다지만, 핏줄의 진실을 누가 뒤엎고 내리사랑의 숭고함을 누가 부정할 수 있는가. 목구멍이 포도청이라는 핑계로 아주 가끔 부모님을 뵙는데, 뵐 때마다 마음이 무척 쓰리다. 그렇게 퍼 주시고도 여전히 변함없는 사랑도 그렇고, 모습이 자꾸 변하는 것을 보면 더욱 속이 상한다. 천륜 때문일까, 늦게나마 철이 조금 들어가기 때문일까 알 수는 없지만…

이 상 호 1982년 《심상》으로 등단. 시집으로 『금환식』 『그림자도 버리고』 『시간의 자궁 속』 『그리운 아버지』 『웅덩이를 파다』 『아니에요 아버지』 『휘발성』 등이 있음. 대한민국문학상, 편운문학상, 한국시문학상 등 수상. 한국시인협회 이사, 현재 한양대 ERICA 캠퍼스 한국언어문학과 교수. shlee2368@hanmail.net

이승은

태풍권에 들다

장작이 쌓여 있는 툇마루 식당에서 엉거주춤 마주앉아 한 술 뜨던 된장국에 몇 방울 빗물이 튀며 찾아왔다, 장마는

젖어든 땔감처럼 잠시 난감해진 변명의 눈 그늘이 막무가내 일렁여도 밥상은 물리지 않고 한 끼를 잘 견뎠다

마음결 유효 기간이 끝나기가 무섭게 번져 든 빗줄기는 어찌할 겨를도 없어 서너 해 여름의 날을 찢으면서 펴 든 우산

(동서문학 가을)

시 작 노 트

그날들이 사랑이었나, 가끔씩 생각할 때가 있다.

연습 없이 시작한 것들의 혼돈과 견딤, 세상에 존재하는 모든 것엔 유효 기간이 있다.

이 승 은 서울 출생. 1979년 문공부 KBS 주최 전국민족시백일장으로 등단. 시집으로 『넬라 판타지아』『꽃밥』『환한 적막』『시간의 안부를 묻다』등이 있음. 이영도시조문학상, 중앙일보시조대상, 고산문학대상 수상. jini-221@hanmail.net

이승철

존재의 그늘

그날 꽃들은 무너지고 싶지 않았다.
잔설 자락에 우짖던 겨울새 한 마리
눈보라 속 아픈 넋들은 어디로 갔나.
서럽지 말자던 세월만 오고 또 갔다.
죽어도 속물처럼 살지 말자던 맹세는
뻘밭 구렁 속으로 처박힌 지 오래.
그러다가 막걸리를 주식으로 삼던 친구가
직립보행마저 힘들다는 소식도 들려왔다.
언젠가 나 또한 육신의 시간표를 벗어나
느닷없이 이승의 세월과 작별할 수 있도록
깨쳐야 하리, 가까스로 홀로 된 그이들과
다시금 몇 순배씩 술잔을 갈무리하다가
이만큼 살아냈다면 잘 산 거라고 말했었지.
그즈음 이내 몸뚱어리는 깊은 심연 속으로
온갖 우아한 것들과 이미 안녕을 고했었다.
다만 아주 오래된 들녘과 마주하고 싶었다.
나 또한 태곳적 침묵이 되고 싶었음인가.
느낌표 하나 남기고 떠나는 게 인생이라는데
이제 내 눈엔 한 떨기 그리움도 남아 있지 않다.
그 닭대가리 홰치듯 누가 내 영혼을 뒤흔들었나.
입바른 말씀 하나 섬길 수 없는 한반도 남녘

페이스북에 온종일 허전한 심사를 달래었다.
그러나 아무렇지 않게, 이 따위로 녹슨 채로
존재의 아픈 그늘이 되어 살아가야 한다.

(작가와사회 봄)

시 작 노 트

불혹과 지천명을 지나 어느덧 이순의 나이에 이르렀다. 허나 고요히 침묵할 수 없도록 한반도 산하, 하수상한 아우성들만 귀청에 왕왕거린다. 명치끝이 타오르는 세월 속에서 내 육신의 시간표는 그날을 향해 다가서고 있다. 그래, 아무렇지도 않게 견뎌 보자, 이것 또한 곧 지나가고 말리라.

이 승 철 1958년 전남 함평 출생. 1983년 무크《민의》제2집으로 등단. 시집으로『세월아, 삶아』『총알택시 안에서의 명상』『당산철교 위에서』『그 남자는 무엇으로 사는가』등. 현재 한국문학평화포럼 사무총장. cowtown@hanmail.net

이승하

그 눈빛

몇 년을 키운 누렁이, 복날 맞아 개장수한테 팔려갈 때의 눈빛을 '가문 날의 깊은 우물' 이라고 표현하리
동네 형들이 뒷집 얼룩이 데리고 뒷산에 올라가 두들겨 패기 시작…… 깨갱깨갱 비명 지르다 숨 꼬르륵 넘어갈 때의 그 눈빛은
표현할 수가 없다

병원 천정을 멍하니 쳐다보는 듯 아득히 바라보는 듯 숨 막 멎을 때의 어머니 눈빛을 '안개 헤치고 뒷산에 솟구쳐 오른 달' 이라고 표현하리
여섯 시간 수술 끝에 혼미의 늪에서 빠져나와 나를 쳐다보던…… 태어난 지 보름 된 자식의 그 눈빛은
표현할 수가 없다

(시와시학 여름)

시 작 노 트

갓 태어난 자식을 수술실로 보낼 때의 심정, 겪어 보지 못한 이는 짐작 못할 것이다. '애간장이 찢어진다' 는 상투적인 표현밖에 할 수 없으리라. 아이는 큰 수술을 받은 뒤에 기적적으로 살아났지만 누렁이와 얼룩이는 맞아 죽었다. 내 어머니 돌아가신 지는 어언 9년이 넘었다.

이 승 하 1984년 《중앙일보》 신춘문예 당선. 시집으로 『인간의 마을에 밤이 온다』 『천상의 바람, 지상의 길』 『공포와 전율의 나날』 『감시와 처벌의 나날』, 문학평론집 『집 떠난 이들의 노래』 『세속과 초월 사이에서』 『향일성의 시조 시학』 『한국 시문학의 빈터를 찾아서 2』 등이 있음. shpoem@naver.com

이영광

겨울비

책은 아주 싫고 음악도 희미하고 영화라,
영환 금세 끝나지, 극장 문전에 또 축축이 겨울비
뿌릴 테지, 갈 곳도 오란 곳도 없을 테지, 아무려나
볼일 없어 갈 수 있는 곳 아무 일 없어
반드시 가야 할, 그런 데는 없나? 12월은 진짜
왜 와서, 겨울비는 왜 와서, 만화 보러 갈 거다
내가 제일 처음 배운 그림 이야기 이야기 그림
단순한 것이 필요해, 웃음 같은 거 말이야, 그럼,
거짓말 같은 거 말이야 날 제일 잘 감춰주는
때 절은 응급실, 들어가면 안 들키는 감금, 매몰,
수혈이 필요해 비 내리는 것 좀 봐, 젖는 사람 좀
봐, 한 발짝만 내디디면 이 비 피할 텐데
네거리의 청동상도 비에 젖네 번개에 맞은 속이
숯이 되지 않았을까, 이가 딱딱 부딪치는 울음을
웃고 있네 만화방 가야 하는데 어서 비 맞고 가서
불을 꺼버리자, 벌건 마음을 웃어버리자! 책은 싫고
음악도 시시하고, 추워 떠는 일 뜨거워 떠는 일
기쁜 일 좀 안 왔으면 싶은 사람의 일, 숨어서
쌔근대며 수음하는 아이 같구나, 이 방심한 나이에
밥 먹기도 밥 벌기도 싫은 발정은 어디서 와서
어디서 죽나? 생각은 싫고 생각을 생각하기도 싫고

타다가 젖다가, 젖다가는 다시 타는 겨울비
너무 좋은 것이, 모든 걸 다 싫은 걸로 바꿔버리는
그것이 와선 안 가네, 안 그치네, 벌거벗은 겨울비

(리토피아 봄)

시 작 노 트

어느 땐 신에 홀리고,
어느 땐 동물에 걸려 넘어지지만,
또 어느 땐, 이렇게, 사람에게 사로잡힌다.

이 영 광 1998년 《문예중앙》으로 등단. 시집으로 『그늘과 사귀다』 『나무는 간다』 등이 있음. leeglor@hanmail.net

이원식

행복한 겨울나기

방안 가득
적정寂靜의 햇살
쏟아지는
운수雲水들

헨델의
라르고Largo는
한 줌의
엘랑비탈*

이불 속
순례巡禮를 한다
간지러운
발가락

*엘랑비탈(élan vital) : 생명 그 자체 안에서 일어나고 있는, 항상 새로운 자기를 형성해 가는 창조적인 진화. 인간을 도약시키는 근원적인 힘.

(나래시조 봄호)

시 작 노 트

따뜻한 햇볕이 환한 오후.

정성스레 키운 황금마삭 화분 곁에 나는 지금 기지개를 켜는 한 마리 청개구리.

어느새 겨울이 지나가 버렸다.

벽에 걸린 시계가 빤히 나를 보고 있다. 언제부터 그랬을까.

부끄럽다.

다시금 슬그머니 쏟아지는 졸음.

나는 지금,
행복하다.

이 원 식 1962년 서울 출생. 2004년 《불교문예》에 시. 2005년 《월간문학》에 시조 당선. 시집으로 『누렁이 마음』 『리트머스 고양이』 『친절한 피카소』 『비둘기 모네』가 있음. 한국시조시인협회 신인문학상 수상. zenwslee62@hanmail.net

이은규

말의 목을 끌어안고

모든 고백은 선언이다

나는 안장에 앉아 고삐를 쥔 자가 아니어라
가차없이 채찍을 휘두르는 자도 아니어라
노래는 말이 아니어라

마부의 채찍질에도 꼼짝하지 않는
말의 목을 끌어안고 흐느꼈다는 한 사람
세상이 수근거린다 지혜를 사랑하다니, 미치광이

그가 오래 흐느낀 이유는
동물의 말을 알아들어서가 아니다
세상의 말에 귀가 부끄러웠기 때문이다

책상에 앉아 펜을 쥔 자가 아니어라, 나는
향기로운 문장을 휘두르는 자도 아니어라
말은 노래가 아니어라

나는 누군가 늦췄다 당겼다하는 고삐에
가다 서다를 반복하는, 어리석은 발자국
누군가 함부로 휘두르는 채찍에

고개 숙여 히잉— 먼 소리를 내는 목울대

가진 자와 가지지 못한 자
그러나 나는 이 은유를 끝까지 밀고 나가야 한다
고삐를 움켜쥔 손아귀의 힘을 상상하며
채찍을 다루는 손목의 습관을 증오하며

말보다는 노래에 노래보다는 말에
그보다 행간 사이를 서성이는 동안
초록이 진다 한들, 온다 한들 한 점 꽃이
그러나 나는 이 은유를 끝까지 밀고 나갈 것이다

오래 미치광이라 불리는 사람과 같이
가까스로 초록을 지키는 식물과 같이

(현대시학 8월)

시 작 노 트

한 사람이 쓰러진 자리에서 한 사람이 일어설 것이다. 사랑이 끊어진 자리에서 타오르는 문장이 있듯. 아름다운 문장에 밑줄을 그으며, 긋지 않으려 노력하며.

이 은 규 2008년 《동아일보》 신춘문예 당선. 시집으로 『다정한 호칭』이 있음.
yudite23@hanmail.net

이은봉

가랑비

— 막은골 이야기

가랑비가 텃밭 토란 잎 위에 앉아 알을 낳는다 가랑비의 알들, 하얗고 동그랗다

매미울음이 뒤곁 호두나무 가지를 흔들어 댄다 토란 잎 위의 알들, 도르르 미끄러진다

우물가에서 시큼, 물비린내가 건너온다 하얗고 동그랗게 울 밖 길이 젖는다.

(시와시학 여름)

시 작 노 트

텃밭이 사라진다. 고향이 사라지고, 고향집이 사라지고, 고향집 텃밭이 사라진다. 텃밭의 토란 잎도 사라진다. 토란 잎 위에서 미끄러지던 가랑비도 사라진다.

울지 않을 수 없다. 곡하지 않을 수 없다.

마을이라는 것, 마을 문화라는 것……, 다 사라진 지 오래이다. 그것이 오래 오래 아프게 한다.

이 은 봉 1984년 《창작과비평》에서 신작시집 『마침내 시인이여』로 등단. 시집으로 『내 몸에는 달이 살고 있다』 『길은 당나귀를 타고』 『책바위』 『첫눈 아침』 『걸레옷을 입은 구름』 등이 있음. 한성기문학상, 유심작품상, 가톨릭문학상, 질마재문학상 등 수상. 광주대학교 문예창작과 교수. lebhosim@hanmail.net

이재무

걸어 다니는 호수

소의 커다란 눈은 호수 같다

그렁그렁 눈물이 고여 있는 호수

소가 눈 들어 앞산을 바라보니

앞산이 호수에 잠긴다

눈 들어 하늘을 바라보니

구름이 잠긴다

소가 꿈벅, 하고 눈을 감았다 뜨니

산이 눈을 빠져나오고

소가 또 꿈벅, 하고 눈을 감았다 뜨니

구름이 빠져 나온다

소는 느리게 걸어 다니는 호수를 가지고 있다

(문학사상 11월)

시 작 노 트

상상 속에서 불가능한 일은 없다. 소의 눈은 우주가 다 들어가고도 남을 만한 크기와 깊이를 가지고 있다. 살아서는 노동력을 바치고 죽어서 부위 별로 팔려서는 사람들의 먹이가 되고 가죽은 북이 되어 울어야 하고 또 가죽은 구두가 되어 노동에 시달려야 하는 소. 소는 성자다.

이 재 무 1958년 충남 부여 출생. 1983년 《삶의문학》으로 작품 활동 시작. 시집으로 『섣달 그믐』 『온다던 사람 오지 않고』 『벌초』 『몸에 피는 꽃』 『시간의 그물』 『위대한 식사』 『푸른 고집』 등이 있고, 산문집으로 『생의 변방에서』 『대표시, 대표 평론 Ⅰ · Ⅱ』가 있음. 난고문학상, 편운문학상, 윤동주시상 수상. poet8635@dreamwiz.com

이재훈

맘몬과 달과 비

신성한 언어들이 타락하기에 한 달이면 족하지. 떠날 채비는 한 시간이면 족하지. 저속하고 미천한 기차를 탔지. 오징어 다리를 씹으며 깡통 맥주를 홀짝거리며 옆자리 아가씨를 흘깃거리는 감성의 오후.

인간들의 감격은 얼마나 단순할까. 차창 밖으로 펼쳐진 햇살과 나무만으로도 짐작할 수 있지. 자연의 품이 안락한가. 너와의 언약으로 고통이 하나씩 늘고, 빚이 늘고, 미래의 노동이 늘었지. 어느새 해거름, 차창에서 졸고 있는 저 빈곤한 육체.

예술가들이 그토록 애증하는 구름의 우상. 꽃들의 우상. 존재의 우상. 기차가 지나가는 순간에 모두 깨달을 우상들. 그것을 고귀하게 껴안고 천박한 언어들을 이리저리 날리지. 밥그릇이 반짝거릴 때까지 손으로 비비고, 눈으로 맞춤하여 빚어내는 이 세계의 공방.

기차를 타지. 오래도록 타면 어둠이 내리고 달이 내리지. 늘 기억나는 순간들은 눈물을 훔칠 때가 아니지. 억울할 때나 비참할 때지. 세상의 비감을 온몸으로 받을 때지. 달을 보면 온 세계가 멈춰 있어.

거머리가 종아리를 빨아먹어도 참을 수 있지. 그런 낮, 그런 밤들도 모두 견딜 수 있지. 달이 지고 비가 내려도 이 땅의 우상들은 불을 반짝거리지. 밤하늘 가득한 네온 십자가. 모두 고개를 숙이고 흠뻑 젖지. 비가 내려도 영원히 꺼지지 않는 저 우상. 밤새 반짝, 반짝거리지. 별보다 더욱 더.

(문학동네 여름)

* 맘몬Mammon : 물질적인 부요와 탐욕의 천사.

시 작 노 트

맘몬의 영혼에 빠진 인간. 늘 또다른 출구를 바라는 인간. 새로운 우상을 만들어 내는 인간. 인간들의 틈에서 아등바등하는 인간. 인간의 세계가 늘 버겁다.

이 재 훈 1972년 강원 영월 출생. 1998년 《현대시》로 등단. 시집으로 『내 최초의 말이 사는 부족에 관한 보고서』 『명왕성 되다』, 저서로 『현대시와 허무의식』 『딜레마의 시학』 『부재의 수사학』, 대담집 『나는 시인이다』가 있다. 현대시작품상, 한국시인협회 젊은시인상 수상. ipoet@hanmail.net

이종문

느낌표를 찍을 일이
—갑일 아침에

달팽이 뿔 위에서 무슨 일로 다툴 건가
돌과 돌 맞부딪혀 스파크가 '번쩍!' 할 때
삶이란 그 '번쩍!' 하는 그 불빛과 같은 거라*

그래, 그 '번쩍!' 하는 그 찰나가 삶이라면
그 가운데 '번쩌' 까진 이미 죄다 지나갔고
마지막 '기역' 자 쓰는, 그게 겨우 남은 건가

아니지, 그러고도 더 큰 일이 남아 있지
이 세상 가슴 가슴에 바위가 쿵, 떨어지는
그 무슨 천둥과도 같은 느낌표를 찍을 일이

* 백거이의 시 「對酒」의 일부를 변용.

(시조21 봄)

시 작 노 트

작년에 난데없이 와장창 회갑을 맞이했다. 돌이켜보면 스파크의 불빛이 '번쩍!' 일어났다 쓰러지는 사이에 60년 세월이 한꺼번에 죄다 지나가 버렸다는 느낌이다. 세월은 이토록 빨리 달리는데 가야 할 길은 멀고도 아득하니, 그야말로 일모도원日暮途遠이다. 신발 끈을 다시 졸라매고, 천둥 같은 느낌표를 찍기 위해서 마지막까지 우지끈, 용이라도 써 봐야 되겠다.

이 종 문 1955년 경북 영천 출생. 1993년 《경향신문》 신춘문예로 등단. 역류 동인. 시집으로 『저녁밥 찾는 소리』 『봄날도 환한 봄날』 『정말 꿈틀, 하지 뭐니』 『묵 값은 내가 낼게』 등과 산문집 『나무의 주인을』이 있음. jml413@kmu.ac.kr

이태수

저물 무렵

쇠북 소리

멧새들이 배롱나무 가지를 떠난다
꽃잎들이 떨어져 내리고
새들이 끼얹던 노래의 여운도 사라진다

발치에는 이리저리 뒤채는 꽃잎들
제 온 길을 찬찬이 되돌아보고 있는지
새들의 노래 속을 거슬러 오르고 있는 건지

배롱나무 사이로 땅거미 이랑져 오고
붉게 타오르는 서녘 노을
꿈결인 듯 먼 데서 쇠북이 운다

풍경 소리

풍경 소리가 귓전을 두드린다
정처없이 길을 가다가 듣는 이 소리는
비몽사몽, 나를 흔들어 깨우는 손길 같다

가까이 끌어당길수록 아물거리지만
잊었던 노래의 몇 소절처럼 그윽하다

저녁 한때의 마을과 멀어지는 외딴길 언저리,
어둠살에 묻히는 소나무 등걸에 기대선다
낮달도 서산마루를 막 넘어가고
별들이 흩어져 앉는 동안 마냥 그대로 붙박인다
갈 길도 가야 할 길도 아예 다 내려놓고 싶다

여전히 어둠을 흔드는 풍경 소리,
마음을 안으로, 안으로 들여보낸다

안 보이는 어떤 부드럽고 커다란 손이
검은 구름 사이로 어른거린다
마을의 불빛은 왠지 점점 더 멀어져 보인다

(현대문학 9월)

시 작 노 트

길 위에서 홀로 나를 들여다보곤 한다. 서늘하고 적막하다. 하지만 그 너머의 따스한 풍경에 다가가려 하거나 그 풍경을 끌어당겨 깊이 그러안으려 하는 내가 이젠 낯설지 않다. 마음을 내려놓고 비우노라면 적막마저 그윽하고 따뜻해지는 것만 같기 때문이다.

이 태 수 1974년 《현대문학》으로 등단. 시집으로 『침묵의 결』 『침묵의 푸른 이랑』 『회화나무 그늘』 『이슬방울 또는 얼음꽃』 『내 마음의 풍란』, 평론집 『여성시의 표정』 『대구 현대시의 지형도』 등이 있음. 대구시문화상(문학), 동서문학상, 한국가톨릭문학상, 천상병시문학상 등 수상. tspoet@naver.com

이현승

은유로서의 질병

다시 태어난다면 하고 생각해 본 적 있지만
다시 태어나고 싶다고 생각해 본 적은 없다.

후회가 없는 사람은 없고
우리는 모두 실패한 적이 있지만,
그래서 실패의 기원으로 가서
기원을 제거해야 하는 것은
터미네이터—T1000의 일이겠지만

다시 태어난다면 유감스럽게도
액체 금속이나 최첨단 나노 갑주도 없이
기껏 두부처럼 무른 살가죽만 걸치고 태어나야 한다.
할 수 있는 일이란 고작 빨거나 쥐는 것,
먹고 싸고 울고 웃는 게 전부일 뿐이며

더욱이 우리에겐 기억이 없을 것이므로
시간을 거슬러,
마땅히 되돌아온 이유를 모르는 우주 전사의 처지란
기실 우주 미아와 같을 것이다.

나는 전생을 믿지 않고

다시 태어나고 싶다고 생각하지 않을 만큼
철두철미한 현실주의자이지만
코끝 벌름거리게 하는 간지러운 봄바람에 날려
막 암술에 도착한 꽃가루 같은 생을 생각하니
삶이란 늘 의미에 목말랐던 것이다.

미래를 잃어버린 사람들이란 속류 쾌락주의자이며
진정한 미래주의자는 비관주의자의 얼굴을 하고 있지만,
우리에게 꽃가루만큼이라도 의미가 필요하다면
처세의 철학보다는 파산이나 암 선고가 더 빠를 것이다.

암술에 도착한 꽃가루란 하나의 기적이다.

다시 해볼 것도 없이.

(파란 1호)

이 현 승 1973년 광양 출생. 1996년 《전남일보》 신춘문예, 2002년 계간 《문예중앙》으로 등단. 시집으로 『아이스크림과 늑대』 『친애하는 사물들』 『생활이라는 생각』이 있음.
tuplos@naver.com

임성구

일하는 사람

당신이 찍어 놓은 노예 낙관이 참 무섭다
휘어진 등허리보다 휘어터진 마음 한 올
아리고 아려서 슬픈
착한 천성이 더 아프다

온 들에 핀 저 잡풀도 꽃이 되기까지는
가느다란 꿈을 향해 맨몸으로 비를 맞고
허기진 식솔을 위한 수고,
활짝 켜 든 박꽃 같다

오늘도 가장은 박 줄기 같은 손을 뻗어
허공 밭을 일궈 놓고 구슬땀 훔치는 사이
아이는 무럭무럭 자라고
제 흙터에도 달이 뜬다

(문학의오늘 가을)

시 작 노 트

시를 포기하지 않으리라는 각오로 하루하루를 퍼먹는다. 시인이 시를 버린다는 것은. 꽃과 나무를 버리듯…… 벌과 나비를 버리듯…… 하늘과 땅을 버리듯…… 자연과 사물에 대한 모든 경배를 버리는 것이다. 간혹 세상에 대한 분노와 저항을 거짓으로 덮어 버리려는 아주 비겁한 수작일 것이다. 늘, '일하는 사람' 으로 낙인찍힌 나의 오늘은 우울하지만, 결코 우울하지만은 않다. 일을 할 수 있다는 것은 건강하다는 것이며, 건강하다는 것은 자유롭게 움직일 수 있다는 큰 기쁨이다. 움직이는 것들은 모두 그 상처마저 세상의 빛과 소금이다.

임 성 구 경남 창원 출생. 1994년 《현대시조》 신인상 등단. 시집으로 『오랜 시간 골목에 서 있었다』 『살구나무죽비』 『앵통하다 봄』 등이 있음. jaje9@hanmail.net

장옥관

해파리

1

물해파리는 물을 닮아서 안팎이 투명하다네
걸 다르고 속 다른 건 해파리가 아니라네 해파리는 공기 같고 햇빛 같고, 있는가 하면 없고
없는가 하면 있는,
안개 같고 아지랑이 같고,
만질 수도 없고 맡을 수도 없는
낭만 술꾼 둘이 거나하게 술잔 주고받다가도
한순간에 싸늘하게 식어 서먹해지는,
대한민국 동남쪽 이 도시에선 흔하지 않게 볼 수 있는 장면이라네

2

헤엄을 모르는 해파리는
물결 따라 너울너울 온 바다를 떠돈다네
거머쥘 게 없는 손은 지 어미 지 새끼 아랑곳하지 않고 잡히는 대로 움켜쥔다네 엉겨붙는다네
한 주일에 두어 번 음란 사진 가져와
반나절 낄낄거리다 사라지던 그 예전 정보과 형사처럼, 함께 낄낄거리다 보면 어느 사이 형사가 형님이 되고
아우가 되던, 하마터면 수배 중인 내 친구의 고달픔을
하소연할 뻔했던,
안팎을 두루 알 수 없는, 있는 듯 없는 듯

한천질의 해파리

3
펼쳐 놓은 속치마같이 끝도 없이 떠다니는
바다 속 해파리들을 티브이에서 본 날
그들이 이불 속으로 날 찾아왔다네
삼십여 년 전 어둔 골목길 지프차 속에서 집요하게 추궁하던 뱀눈의 그들이,
와서는 내 머릿속을 검열했다네
문민정부 10여 년
영영 사라진 줄 알았던 그것이, 시멘트 바닥에 뱉어 놓은 침 자국 같은 그것이, 물만 있으면 언제라도 바닥 짚고 일어서는 그것이,
스멀스멀 부풀어 오르는 것이었네
겁 많고 두려움 많은 내 머릿속을 자욱히 자욱히 떠다니는 것이었네

(유심 11월)

시 작 노 트

2016년 4월 13일 총선을 앞두고 대구 지역 지식인 1,033명이 '일당 독점의 정치판을 바꾸자'는 호소문을 지난 30일 발표했다. 콘크리트 뚫고 머리 내미는 초록 풀잎의 힘!

장 옥 관 1987년 《세계의문학》으로 등단. 시집으로 『황금 연못』 『달과 뱀과 짧은 이야기』 『그 겨울 나는 북벽에서 살았다』 등이 있음. og-jang@hanmail.net

전기철

월정리

말없음으로도 묻지 않는다 여기서는

네모나게 날아가는 바다로 가득한 카페, 고래가 될, 파도가 저만치 부스럭, 해안을 털어내면, 큼큼, 바람개비들이 꿈처럼 비상하는

'여기는 귀환불능지역입니다'

한 소식한 듯 바다를 끌고 다니는, 고래가 될, 무게 없는 얼굴로 떠다니는 창문으로, 어제의 비가 내리고, 고래가 될, 바삭한 한 컷의 시선이 한소끔 들어오는

해끔한
고래가 될

(현대시학 6월)

시 작 노 트

시란 헛소리를 하는 것이다. 말이 되는 세상에 대해 삿대질하는 듯한, 헛소리를 지껄이는 전략이 있어야 한다. 언어는 가끔 나를 무섭게 한다. 하지만 나는 절대 언어를 이기지 않으려고 한다.

전 기 철 1988년 《심상》으로 등단. 시집으로 『로깡땡의 일기』 등이 있음. 숭의여대 문창과 교수. kwansan21@hanmail.net

정끝별

소금인간

돌도 쌓이면 길이 되듯 모래도 다져지면 집이 되었다 발을 떼면 허공도 날개였다 사람도 잦아들면 소금이 되었고 돌이 되었다

울지 않으려는 이빨은 단단하다 태양에 무두질된 낙타 등에 얼굴을 묻고 까무룩 잠에 들면 밤하늘이 하얗게 길을 냈다 소금 길이 은하수처럼 흘렀다 품었다 내보낸 길마다 칠 할의 물이 빠져나갔다 눈썹 뼈 밑이 비었다

모래 반 별 반, 저걸 매몰당한 슬픔이라 해야 할까? 낙타도 사람도 한때 머물렀으나 바람의 부력을 견디지 못하고 발자국부터 사라졌다 소금이 반, 흩어진 발뼈들이 반, 끝내지 못한 것, 시간에 굴복하지 못한 것들의 백발이 생생하다

한철의 눈물도 고이면 썩기 마련, 한 번 깨진 과육은 바닥이 마를 때까지 흘러나오기 마련, 내가 머문 이 한철을 누군가는 더 오래 머물 것이다 머문 만큼 늙을 것이다

알몸으로 태어나 맨몸으로 소금산에 든 자여, 마지막 시야를 잃은 고요여, 미라를 깨뜨려라, 모래로 흩어지리니, 세상 절반을 품었던 두 팔, 없다, 가죽신발 속 절여진 발, 흔적도 없다

(문학동네 봄)

정 끝 별 1988년 《문학사상》 신인 발굴에 시 당선. 1994년 《동아일보》 신춘문예 평론에 당선. 시집으로 『자작나무 내 인생』 『흰 책』 『삼천갑자 복사빛』 『와락』 등이 있음. 이화여대 국문학과 교수. postellar@hanmail.net

정수자

심오한 실수

가을도 잘 거드시길, 카톡 오자 고치려고

거두시길, 적다 말고 화들짝 눈이 뜨여

말없이 거드는 것들을 일삼아 곰곰 짚는 날

거둠보다 만만하니 숙여 드는 거듦이란

깨알에도 깃들여 온 자국 없는 바람의 일

한 편의 어눌한 행간조차 줄커피가 거들었듯

심오한 전언인 양 오자 하나 다시 받드는

부지깽이도 거든다는 가을도 한가운데

뒤늦게 쥐구멍 깁듯 연명連名 한 홉 얹는다

(유심 12월)

시 작 노 트

카톡 답을 하던 중 오자가 뭔가를 툭 던지는 순간……
'거둠' 보다 '거듦' 은 함께하는 마음의 겸허한 응답 같다.
하고 보니 햇빛, 바람 등등 모두의 거듦 속에 살지 않나.
연명 한 홉 얹으며 실수를 고이 받든 한가위 즈음이었다.

정 수 자 1984년 세종숭모제전 전국시조백일장 장원 등단. 시집으로 『탐하다』 『허공우물』 『저녁의 뒷모습』 『저물녘 길을 떠나다』가 있음. 중앙시조대상, 현대불교문학상, 이영도시조문학상, 한국시조대상 등 수상. jookbee7@hanmail.net

정양

We have to

중간고사 끝난 다음 주 노총각 영어선생이
울그락푸르락한 얼굴로 용출이를 불러내더니
답안지 한 구석을 손가락으로 꾹꾹 찍으면서
시험이 장난이냐 이 쌍녀르 새끼야
쌍소리 묻은 쓰리빠로 철석철석
용출이 낯바닥을 때리다가
쓰리빠도 내던지고 주먹질로 발길질로
미친 듯이 퍽퍽퍽 두들겨팼다
용출이는 맞을 때마다 더 큰 소리로 울었다
억울하지 않으면 아무리 맞아도
소리 없이 맞는다는 걸 우리는 안다
선생님 나간 뒤 용출이를 부축하며
왜 저 지랄이냐고 아이들이 물었다
해브 투로 짧은 글 짓는 문제에
우이 해브 투 핸드플레이라고 썼더니 저런다고
눈물을 훔치며 용출이는 더 크게 울었다
저 하던 짓 들킨 줄 아나 보다고
아이들이 한마디씩 거들며 키득거렸다
아이들 대여섯이 용철이를 손가마 태워
강용출강용출 연호하는 사이사이에
그보다 더 큰 소리로

우이 헤브 투 핸드플레이도 합창하면서
교실과 복도와 운동장을 누볐다
손가마 탄 채 용출이도
연신 눈물을 훔쳐 가며 웃었다

(시로여는세상 겨울)

정 양 1942년 전북 김제 출생. 1968년 《대한일보》 신춘문예에서 시, 1977년 《조선일보》 신춘문예에 문학평론으로 등단. 시집으로는 『까마귀떼』 『살아 있는 것들의 무게』 『길을 잃고 싶을 때가 많았다』 등이 있음. 모악문학상, 아름다운작가상, 백석문학상 등 수상. 우석대 문예창작학과 명예교수. jyang1314@hanmail.net

조승래

장자의 하늘

하늘은 촘촘한
그물눈

지상에서만 살아온
생애가
이슬처럼
가볍다

오늘은
팔랑팔랑
붉은점모시나비
한 마리 방문

잡혔다
놓친 시간이
잠시
파닥거린다

(현대시 9월)

시 작 노 트

어느 날 나는 나비 한 마리를 잡았다가 놓아 주었다. 나비는 기우뚱거리며 날아갔다. 손가락에 찢어진 나비의 옷이 묻어 있었다. 그날 밤 나는 그물에 갇힌 나비가 되어 버둥거리다가 추락하였다. 지상으로 추락하는 시간은 찰나였고, 꿈을 깨는 시간은 너무 길었다.

조 승 래 경남 함안 출생. 시집으로 『몽고조랑말』 『내 생의 워낭소리』 『타지 않는 점』 『하오의 숲』 『칭다오 잔교 위』가 있음. 현재 아노텐금산(주) 대표, 단국대 상경대학 겸임교수. chosr518@hotmail.com

조연향

복면의 나날

한 청년이 모래 속으로 사라졌다

아무 일 없는 하루하루
맘껏 복면을 쓰고, 맘껏 사막을 뒹굴고 싶어서,
하얀 구름을 맘 편히 쓰러뜨리는 곳으로 순례를 떠났을까

황사가 불어가는 쪽으로 자욱이 까마귀 떼가 날아가고 있었다

그가 떠난 뒤,
동네에서는 동백꽃들이 무더기로 뚝뚝 떨어졌다고 한다

입속의 먼지 알갱이처럼 서걱거리는 나의 권태와 테러가 그 그림자를 따라갔다

한 번도 가 보지 못한 어느 국경 근처에서 그를 놓치고 말았지만,
눈 코 입을 지운 얼굴들이, 사라진 이름들이

검은 가면을 쓴 얼굴들이,
뛰어가는 것을 설핏 익숙한 골목에서 자주 마주치기도 했다

제 속의 테러가 스스로를 견디지 못하고 참수당하는 봄날 저녁,

모래바람이 거대한 날개를 펴고 밀려오고 있었다

(시와표현 6월)

시 작 노 트

사라진 사람들이 돌아왔으면 좋겠다 〈꽃피듯 활짝 웃으면서 저녁 등불이 켜진 우리 곁으로 돌아온다면……〉 이렇게 이루어질 수 없는 꿈을 꾸게 하는 계절이다. 꽃의 색깔이 짙어질수록 슬픔도 짙어진다. 말없이, 사라진 자들은 다 어디로 갔을까?

사라진 시간과 사라진 이야기들,

하늘도 구름도 검다. 꽃잎들이 낱낱이, 뿔뿔이, 모래알처럼 흩어지거나, 날아가더라도, 푸릇푸릇한 맘속의 청년을 기다려야 할까. 떠난 이들이 나를 용서할 때라고 허공에다 쓴다

조 연 향 2000년 《시와시학》으로 등단. 시집으로 『제1초소 새들 날아가다』 『오목눈숲 새 이야기』가 있음. 경희대 후마니타스 출강. yhcho2995@hanmail.net

차주일

성화聖畵

심야 카페 탁자 위에 침묵 두 덩어리 놓여 있다. 석공의 망치질 소리가 맥박 사이로 새어 나간다. 양 팔꿈치를 기단처럼 받치고 양 손바닥으로 얼굴을 받치고 눈 밑 주름으로 눈동자를 괴고 마주 보는 앳된 연인들. 상대 눈동자 속으로 제 마음을 숙여 상대 눈동자 속 제 모습을 정질해대고 있다. 그림자를 뻗어 다보탑에 핀 이끼를 털어주는 석가탑처럼, 마음보다 먼저 몸 밖으로 나간 그림자가 닳고 닳았다. 닳아버린 그림자가 상대 눈동자부터 상대 마음까지의 거리였으므로 나는 더 이상 연인들의 침묵을 듣지 않기로 한다. 침묵은 성인聖人의 말씀일 뿐이다.

(유심 3월)

시 작 노 트

시인으로서 다섯 가지 주제적 관점을 갖고 있다. 그중 하나가 "보통 사람이 신보다 성스럽다."는 것이다. 이름도 모르고 어떻게 살아왔는지조차 모르는 대상의 일상을 관조하다 보면, 절대로 신이 알 수 없는 사람만의 행위가 존재했다. "마음보다 먼저 몸 밖으로 나간" 제 모습이 연인의 눈동자 속에 들어 있다. 그런 제 모습을 정성스럽게 가다듬는 사람의 자세는 단순한 피사체가 아니다. 문자가 생겨나기 이전의 문자였고 문장이었을 것이다. 오직 침묵으로만 발음 가능한.

차 주 일 1961년 전북 무주 출생. 2003년 《현대문학》을 통해 등단. 시집으로 『냄새의 소유권』이 있음. chaji2222@naver.com

천양희

시의 회초리

제 속이 검게 썩어 가면서도
열매를 맺는 나무가 있다고 내가 말했을 때
꽃은 열매를 맺으려 피지만
열매는 꽃을 피우려 익는다고 그가 말했지요

한 방울의 눈물로 진주를 만든다고
이마를 창에 대고 그가 말했을 때
구름의 언어를 듣는 이도 있다고
침묵에 사다리를 놓으며 내가 말했지요

아무것도 안 잊어버리려고
밤의 말을 이해했다고 내가 말했을 때
아무것도 아닌 것을 써야겠다고
땅을 내려다보며 그가 말했지요

도대체 우린
몇 번이나 고독을 탐구했을까요
그리고 몇 번이나
절경 앞에서 할 말 잃었을까요
그가 나를 바라다보는 것을
몇 번이나 내가 그를 바라다보았을까요

하늘 추워지고 꽃 다 질 동안
나는 그만 저녁처럼 저물어
꽃이 좋은지 열매가 좋은지 묻지 않습니다
그는 다만
시의 스승은 낯선 곳에서 온다고 귀띔할 뿐입니다

시 속에 잠기니
오십 년이 온통 회초리입니다

(시와시학 가을)

천 양 희 1965년 《현대문학》으로 등단. 시집으로 『하루치의 희망』 『마음의 수수밭』 『오래된 골목』 『너무 많은 입』 등이 있음. 소월시문학상, 현대문학상, 박두진문학상 등 수상.

최동호

가을 바다 눈동자

직립한 섬들이 걸어와 멈춘 가로수 거리
기러기가 유리창에 대각선 날금을 긋고 날아간다.

수평선을 향해 손짓하는
건널목 가로수 잎에 찬 가을 햇빛이 반짝인다.

붉은 신호등에 막혀 돛대를 멈추고 끼룩거리는 어깨들
떠도는 사람의 눈동자에 바다가 펼쳐지고

기러기 날아가 하늘 높아진 초고층
반사광 유리창에 소금기 마른 햇빛파도가 출렁거린다.

(유심 9월)

시 작 노 트

가을 고층 건물 유리창에 비취는 바다를 바라본다. 기러기가 날아가고 물든 가로수 잎에 맺힌 물방울에 가을 햇빛이 머무는 순간은 짧다. 붉은 신호등이 어디로 가라는 것인지 알 수 없다. 떠도는 사람의 눈동자에 바다가 역으로 비췬다. 유리창에 바다가 출렁거리는 가을 이미지의 시이다.

최 동 호 1948년 경기도 수원 출생. 시집으로 『황사바람』『아침책상』『딱다구리는 어디에 숨어 있는가』『공놀이하는 달마』『불꽃 비단벌레』『얼음얼굴』 등이 있음. 현대불교문학상, 고산 윤선도문학상, 박두진문학상, 유심작품상 등 수상. 현재 고려대 문과대 국문과 명예교수 겸 경남대 석좌교수. dhchoe@korea.ac.kr

한분순

한 잎의 저주

내 등 뒤 꽂힌 칼에서
날개 돋듯 꽃이 핀다

세찬 가을 햇살에
흉터가
녹고 나면

나한테
칼 던진 그들은
꽃잎에도 긁힐 것.

(유심 11월)

시 작 노 트

시인, 천사가 아닌 전사

사람들은 저마다 하나의 우주이다. 그 아름다운 행성들이 어쩐지 분노로 폭발하기 직전으로 보이는 것이 현대의 쓸쓸함이다. 시간의 단위가 '분' 인 것은 사람들의 분노가 그렇듯 찰나마다 이어지고 있기에 그런 것이 아닐까. 문학은 이제 이끄는 계몽이 아닌 다가서는 위로가 되어야 할 듯하다. 사람들이 천사가 아닌 그들의 숨은 노여움을 달래는, 이로써 세상과 맞서는 그들을 지키는 전사가 시인의 새로운 소명일지도 모른다. 이 시각 오늘의 고단함에 지친 누군가의 곁에서 조심스럽게 반짝일 수 있기를 바란다.

한 분 순 충북 음성 출생. 1970년《서울신문》신춘문예 당선. 시집으로『실내악을 위한 주제』『서울 한낮』『서정의 취사』『소녀』『손톱에 달이 뜬다』등이 있음. 대한민국문화예술상, 한국문학상, 가람시조문학상, 현대불교문학상 등 수상. 현재 한국문인협회 부이사장. bshan3@naver.com

허연

외전 2

무엇이든 딱 잘라서 말하는 게
갈수록 어려워진다
일 없는 늦은 저녁
설렁탕 한 그릇 함께 먹을 사람조차
마땅치 않을 때
사는 건 자주 서늘하다

나이 들어 하는 사랑은
자꾸만 천한 일이 되고
암 수술하고 누워 있는 동창에게서
몇 장 남지 않은 잡지의
후기가 읽힐 때
생은 포자만큼이나 가볍다

수십 년 전 방공호 속에서
초현실주의 시를 읽었던 선배들은
이렇게 가볍지는 않았을까
바흐를 들으며
페노바르비탈을 먹었다는 그들은
지리멸렬한 한 세기를 사랑했을까

나는 아직도 생에 대해서 알지 못한다
상처에 대해서 알 뿐
안부를 물어 줄 그 무엇도 만들어 놓지 못했다

대폭발이 있었다던 오래전 그날 이후
적의로 가득찬 광장에서
생이여, 넌 어떻게 견뎌왔는지
기찻길에서 풀풀 날리던 사랑들은
얼마나 많이 환생하고 있는지

생각이 아프면 내가 아프다
생이여!

(시인수첩 겨울)

허 연 1991년《현대시세계》로 등단. 시집으로『불온한 검은 피』『나쁜 소년이 서 있다』『내가 원하는 천사』등이 있음. 시작작품상, 현대문학상 수상. praha@mk.co.kr

2016 '작가'가 선정한

오늘의 시집

고두현 고 영 김명인 김사인

달의 뒷면을 보다_딸국질의 사이학_기차는 꽃그늘에 주저앉아_어린 당

서영처 송재학 이덕규 이우걸

말뚝에 묶인 피아노_검은색_놈이었습니다_아직도 거기 있다_휘영청_바다는

정한용 최문자 황인찬

거짓말의 탄생_파의 목소리_희지의 세계

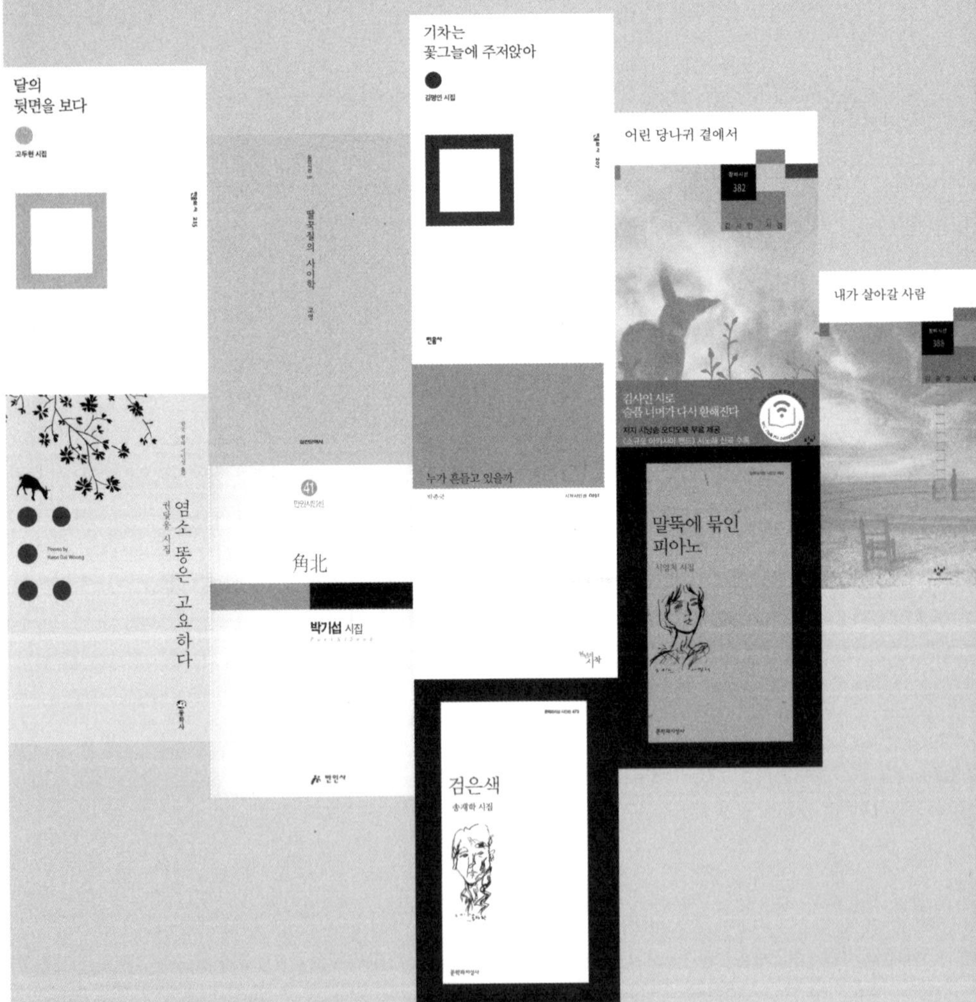

김중일 권달웅 박기섭 박종국

곁에서_내가 살아갈 사람_염소 똥은 고요하다_角北_누가 흔들고 있을까

이정환 장현우 정용국 정진규

죽여 우는 법이 없다_난 네가 참 좋다_우주 한 분이 하얗게 걸리셨어요

고두현

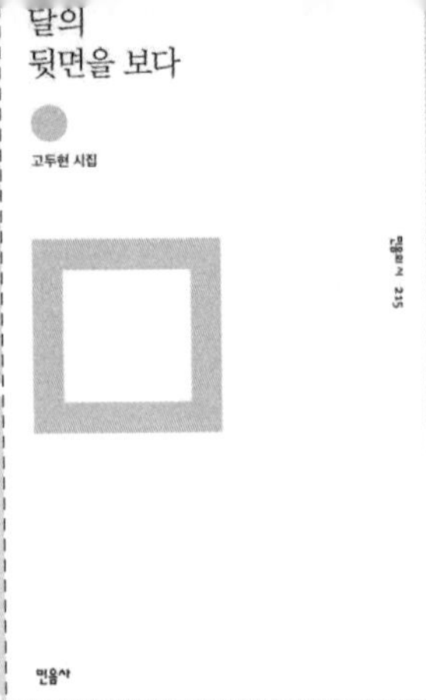

봄 햇살 따뜻한
욕실 창에 기대어
부드러운 솜털
서로 간질이며
까르륵까르륵
웃음꽃 피워 올리는
새내기 커플 한 쌍.

—「두 개의 칫솔」 전문

자아와 타자 사이의 절묘한 균형미

— 고두현 시집 『달의 뒷면을 보다』(민음사)

한국 서정시의 적자이자 대중들에겐 시의 아름다움을 알리는 '시 전도사'로도 이름 높은 고두현 시인의 세 번째 시집 『달의 뒷면을 보다』가 민음의 시로 출간되었다. 자아와 타자 사이의 절묘한 균형미를 넉넉한 여백으로 표현한 새로운 감동이라는 평가를 받은 시집 『물미해안에서 보내는 편지』(랜덤하우스, 2005) 이후 10년 만의 신작이다. 고두현 시인은 1993년 《중앙일보》 신춘문예에 「유배시첩—남해 가는 길」이 당선되어 등단했다. 이후 『늦게 온 소포』(민음사, 2000)와 『물미해안에서 보내는 편지』를 출간하며 맑은 언어, 따뜻한 시선으로 우리 마음속의 순수한 원형을 노래하는 시인으로 알려져 왔다. 『늦게 온 소포』는 '맑음을 빚고자 하는 사람의 마음이 훤히 비치는 거울 같은 시집'으로 평가받은 스테디셀러 시집이고, 『물미해안에서 보내는 편지』 역시 시인의 고향이기도 한 경남 남해의 풍경과 고향을 떠나 도시에서 살아가는 사람의 내면 풍경이 절묘하게 어우러져 현대적 감성으로 향수를 전달하는 시집으로 많은 사랑을 받았다. 그 외 『시 읽는 CEO』, 『옛 시 읽는 CEO』 등의 저서와 활발한 강연을 통해 시의 저변을 넓히는 활동에도 앞장서 왔다.

『달의 뒷면을 보다』는 앞선 시집에서 유지해 온 그리움의 정조를 유지하면서도 사랑의 밀어는 더 은밀하고 농염하게, 세태를 직시하는 언어는 더 곧고 매섭게 표현했다. 4부, 총 69편의 시로 구성된 가운데 2부에서는 연애 시가, 3부에서는 세태를 향한 시선을 다룬 시가 돋보인다. 고두현 시인의 트레이드 마크라고도 할 수 있는 남해 사랑은 '남해 시' 연작에서 확인할 수 있다. 해설은 이승하 시인이 맡았다. 작품을 깊고 넓게 읽는 해설자의 역할을 성실하게 이행하면서도 오랜 시간 함께해 온 동료이자 오랜 독자로서의 다정함을 숨기지 않아 시집의 체온을 한껏 올렸다.

—「출판사 서평」에서

고 두 현 1993년 《중앙일보》 신춘문예로 등단. 시집으로 『늦게 온 소포』 『물미해안에서 보내는 편지』 등이 있음. 시와시학 젊은시인상 등 수상. kdh@hankyung.com

고영

뱀이 쓸쓸히 기어간 산길
저녁을 혼자 걸었다

네가 구부러뜨리고 떠난 길
뱀 한 마리가
네 뒤를 따라간 길
뱀이 흘린 길

처음과 끝이 같은 길
입구만 있고
출구가 없는 길

너의 상처를 감추기 위해
너의 입속을 걸었다

뱀의 입속을 걸었다

—「뱀의 입속을 걸었다」 전문

슬프고 아린 서정

— 고영 시집 『딸꾹질의 사이학』(실천문학사)

고영의 시에는 가슴치며 하는 후회와 자책의 말들이 많다. 이것들은 자아성찰적이고 자기비판에 물든 자아의 말들일 텐데, 그럴 만한 까닭이 있다. 무엇보다도 시인에게는 "당신은 어제의 태양 아래서 웃고/ 나는 오늘의 태양 아래서 웃고 있었다"와 같이 공집합되지 않은 채 엇갈린 인연들이 있고, 가슴에 담은 "불러야 할 간절한 이름들"이 많다. 살아온 세월의 두께보다 삶의 파고波高가 거칠고 높았다는 뜻이다. 아울러 그의 길이 "농담뿐인 생"과 "꿈조차 가질 수 없는 생", 더러는 "벼랑을 품고" 사는 "꽃의 지옥"으로 뻗어 있기 때문이다. 날마다 "무늬 없는 저녁"을 맞고, 상처를 감추려고 "뱀의 입속을 걸"으며, 삶에 개칠하지 않고 "조금 더 착하게 살기 위해서" 암중모색하는 서정적 주체가 펼쳐내는 시들은 슬프고 아리다.

— 장석주(시인, 문학평론가)

처음 시인이 될 때
더도 덜도 말고 시집 딱 세 권만 내면 좋겠다는 생각을 했다.
그런데 어느덧, 벌써, 세 권째다.
뿌듯함보다는 부끄러움이 앞서는 게 솔직한 심정이다.
그사이 나는 참 많은 사물들에게 빚을 졌고
많은 사람들에게 폐를 끼쳤다.
시집 세 권만 내고 말기에는
갚아야 할 은혜가 너무 크고 무겁다.
이런 이기적인 내가
점점 좋아지고 있는 작금이다.

— 「시인의 말」에서

고 영 1966년 안양에서 태어나 부산에서 성장. 2003년 《현대시》로 등단. 시집으로 『산복도로에 쪽배가 떴다』 『너라는 벼락을 맞았다』 등이 있음. 제1회 질마재해오름문학상 수상, 현재 계간 《시인동네》 발행인. sbpoem@naver.com

김명인

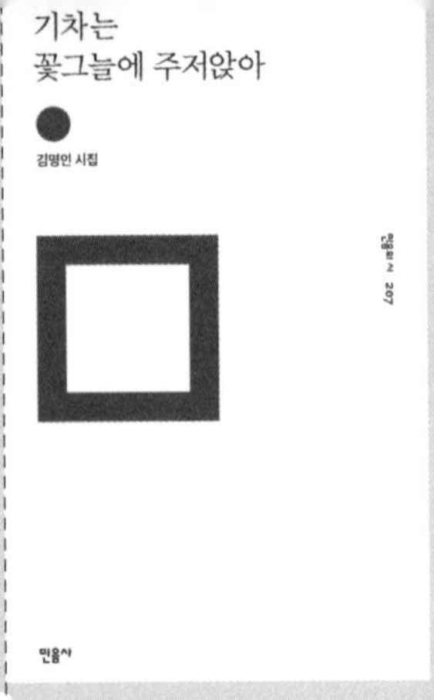

졸음기 그득 햇살로 쟁여졌으니
이곳도 언젠가 한 번쯤은 와 본 풍경 속이다
화단의 자미 늦여름 한낮을 꽃방석 그늘로 펼쳐 놓았네
작은 역사는 제 키 높이로 녹슨 기차 한 량 주저앉히고
허리 아래쪽만 꽉 깨물고 있다, 정오니까
나그네에겐 분별조차 고단하니 기다리는 동안
나도 몇만 톤 졸음이나 그늘 안쪽에 부려 놓을까?
불멸불멸하면서 평생 떠도느라 빚졌으니
모로 고개 꺾은 저 승객도 이승이란 낯선 대합실
깨어나면 딱딱한 나무 의자쯤으로 여길 것인가

—「기차는 꽃그늘에 주저앉아」 중에서

골몰의 시간이 오롯이 담긴 시의 꽃그늘
— 김명인 시집 『기차는 꽃그늘에 주저앉아』(민음사)

『동두천』을 시작으로 『파문』과 『꽃차례』, 『여행자 나무』에 이르기까지 바지런한 여유로움으로 특유의 시 세계를 보여 주던 김명인 시인이 새 시집 『기차는 꽃그늘에 주저앉아』를 출간했다. 이번 시집에서 시인은 2001년부터 지금까지 써 온 10행 내외의 시들을 모았다. 단순히 지난 시집에 빠진 시들을 모아 펼친 시집이 아닌, 10행이라는 짧은 형식을 바탕으로 한 심미적 · 형식적 실험의 결과물이 바로 『기차는 꽃그늘에 주저앉아』인 것이다.

시인은 시집 말미에 덧붙인 「시인의 말」을 통해 시 형식에 대한 지론을 담담하면서도 명징하게 밝힌다. "시의 형식은 움직임의 질서"이며, "그 내적 필연성에 따라 상호 의존적으로 시를 구체화한다." 따라서 "시인이 형식으로 고르고 시를 선택하는 것이 아니라, 시어가 형식으로 고르고 시는 써지"는 것이다. 김명인 시인이 10행으로 완성한 이 시집의 시편들은 지나치게 길어지고 산문화되고 있는 작금의 시와는 차별된 지점에서 시인만의 단정한 서정을 보여 준다.

『기차는 꽃그늘에 주저앉아』가 고수하는 이 짧은 형식은 모종의 규범을 선포하기 위해서, 혹은 어떤 시적 시도로의 강박 때문에 시인에게서 선택된 것이 아니다. 내적인 필연성에 의해 시어가 끌어당겨 입은 옷이고 거죽이며 꽃잎이다. 김명인의 시는 15년의 준비 끝에 자연스럽고 알맞은 형식으로 개화한다. 독자들은 빠르고 긴 삶의 속도를 잠시 늦추고 주저앉아, 시의 꽃그늘이 풍기는 봄의 기운에 흠뻑 빠져도 좋겠다.

— 「출판사 서평」에서

김 명 인 1946년 경북 울진 출생. 1973년 《중앙일보》 신춘문예로 등단. 시집으로 『동두천』 『머나먼 곳 스와니』 『물 건너는 사람』 『푸른 강아지와 놀다』 『바닷가의 장례』 『길은 침묵』 『바다의 아코디언』 『파문』 『꽃차례』 『여행자 나무』 등이 있음. 소월시문학상, 현대문학상, 이산문학상, 대산문학상, 목월문학상 등 수상. mikim@korea.ac.kr

김사인

몸은 하나고 맘은 바쁘고
마음 바쁜데 일은 안 되고
일은 안 되는데 전화는 와쌓고
땀은 흐르고 배는 고프고
배는 굴풋한데 입 다실 건 마땅찮고
그런데 그런데 테레비에서
내 남자의 여자는 재방송하고
그러다보니 깜북 졸았나
한번 감았다 떴는데 날이 저물고
아무것도 못한 채 날은 저물고

바로 이때 나직하게 해보십지
'에이 시브럴'
양말 벗어 팽개치듯 '에이 시브럴'

—「에이 시브럴」 부분

간절하고 치열한, 죽음에 이르는 미학

— 김사인 시집 『어린 당나귀 곁에서』(창비)

이 시집의 첫 시, 그러니까 서시 격인 「달팽이」 마지막 연은 이렇게 시작된다. "그 안에서 달팽이는/ 천년쯤을 기약하고 어디론가 가고 있다고 한다./ 귀가 죽고/ 귓속을 궁금해할 그 누구조차 사라진 뒤에도". 오늘날 김소월은 시적으로 극복될 수 없다. 근대시 문법을 여는 듯 닫았기 때문이다. 오늘날 서정주는 극복될 수 없거나, 극복이 부질없다. 그의 시에서 가장 빛나는 대목은 근대 이전 정서가 언어의 처음을 입는 그것이기 때문이다. 그러나 김수영은 극복될 수 있고, 극복이 유의미하다. 그가 여전히 동시대인인 까닭이다. 흔히 알려진 것과 달리, 혹시 본인의 주장에도 불구하고, 김사인의 시는 그 점을 성취와 한계 양면에서 보여줘 왔다. 느리지만, 참으로 끈질기게. 그만큼 생의 태도가 겸손한 사람을 찾기 힘들지만, 특히 이번 시집에서, 그의 시는 겸손하다기보다 생로병사의 슬픔 일체를 간절한 마음의 치열한 단정端正에 담아 내는 식으로 김수영과 또다른 길을 내려는 야심이 만만하고, 단정은 그의 가장 튼튼하고 가장 미래지향적인, 그러니까 죽음에 이르는 미학이다. 아무렇게나 한 구절, 이를테면 "비라도 오는 밤은 내 남은 혼/ 초분 위에 올라앉아 원숭이처럼/ 긴 꼬리 서러워 한번쯤 울어도 보리."(「초분」)쯤을 중간 역 삼아 이 시집을 다 읽고 다시 첫 시, 그러니까 서시 격인 「달팽이」로 돌아오면 마지막 연이 이렇게 끝난다. "네개의 뿔을 고독하게 치켜들고/ 더듬더듬/ 먼 길을." 우리는 생로병사의 구조가 순환할수록 단정으로 아름다움의 슬픈 깊이를 더해 가는 희귀한 현대 시집을 한 권 얻었다.

— 김정환(시인)

김 사 인 1956년 충북 보은 출생. 1981년 『시와 경제』 동인 결성에 참여하면서 시를 발표했으며, 1982년부터는 평론도 쓰기 시작했음. 시집으로 『밤에 쓰는 편지』 『가만히 좋아하는』이 있고, 『박상륭 깊이 읽기』 『시를 어루만지다』 등의 편저서가 있음. 신동엽문학상, 현대문학상, 대산문학상 등을 수상. 현재 동덕여대 문예창작과 교수. silentin@naver.com

김중일

아직 살아남은 나뭇잎은 석양의 가장자리에 놓인 희생자의 숟가락이다
해진 소매로 그 나뭇잎이란 나뭇잎마다 묻은 분진을 한 잎 한 잎 빠짐없이 다 닦아라

편백나무 잎처럼 무성한 눈썹
눈썹 아래 희생자의 눈동자
눈꼬리에서부터 뻗은 주름의 가장귀에 연기의 몸으로 걸터앉아
비 맞을 몸도 없이
비 맞을 몸도 없이

폭우처럼 불행이 쏟아진 후 손수건 한 장 들고
세세연년 무지개 위에 켜켜이 쌓인 먼지를 닦아라

—「비 맞을 몸도 없이」 전문

망각과 침묵을 넘는 간절한 시
— 김중일 시집 『내가 살아갈 사람』(창비)

감각적인 언어와 환상적인 이미지가 어우러진 독창적인 시세계로 주목을 받아온 김중일 시인의 세번째 시집 『내가 살아갈 사람』이 출간되었다. 신동엽문학상(2012)과 김구용시문학상(2013) 수상작 『아무튼 씨 미안해요』(2012) 이후 3년 만에 펴내는 이번 시집에서 시인은 도무지 이해할 수 없는 상상 이상의 "농담 같은 일들이 끝없이 일어나는 세상"을 향해 '진실은 무엇인가' 라는 근본적인 물음을 던진다. '거짓된 눈물의 역사' 로 얼룩진 모순투성이의 현실을 냉철하게 꿰뚫어보는 치열한 의식이 담긴 시편들이 공감을 자아내는 한편, "잊지 말 것은 잊지 말자고" 다짐하며 "마음속으로 먼저 간 사람들이 빌려갈 수 있는 유일한 책"을 "나를 먼저 살다 간 사람"과 "내가 살아갈 사람"에게 전하겠다는 시인의 간절한 마음이 더욱 가슴에 와 닿는다.

—「출판사 서평」에서

내가 그의 재능 가운데 중요하게 꼽는 것 중 하나는 시로 이야기를 할 때 실을 풀 듯 풀어내지 않고 꼿꼿하게 세워 쌓는 재주인데, 시에 바람이 지나갈 자리를 만들어주느라 그렇다고 생각한다. 바람이 통하게 골조를 쌓은 그의 시는 입체와 질감 모든 면에서 성공을 거둔다. 철철 진물을 흘리고 있는 무능력한 세계의 진실 앞에서 이 한권의 시집으로 위로받으려 한다. "완벽히 사랑하고도 계속해서 사랑하는" "완전히 사라지고도 계속해서 사라지"는 "충분히 멀어지고도 계속해서 멀어지"는 시가 든든히 그를 받치고 있어서, "별이 되고자 끝까지 날아가는 새"가 그이며, "새가 되고자 투신하는 별"이 그라서 이 무지막지한 세계는 시적인 생명력을 수혈 받을 것이다. 사람은 사랑을 하기 위해 시집을 필요로 하고, 시인은 사랑을 하면서 시를 쓰지만, 그는 이 시집 한 권을 쓰면서 사랑을 이루었다.

— 이병률(시인)

김 중 일 1977년 서울 출생. 2002년 《동아일보》로 등단. 시집으로 『국경꽃집』 『아무튼 씨 미안해요』가 있음. 불편 동인. ppooeett@naver.com

권달웅

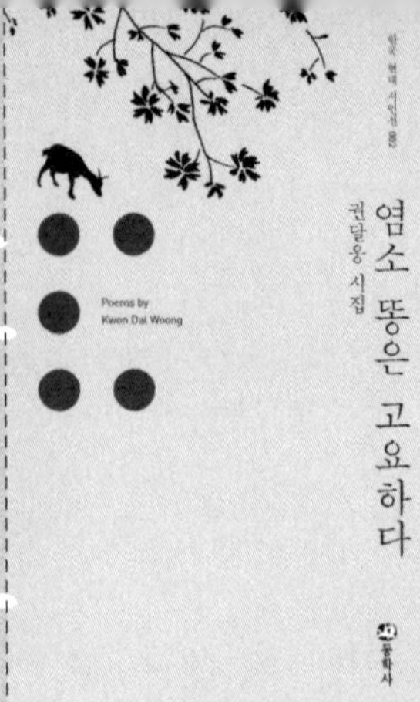

1964년 초겨울 역마다 서는 완행열차는 경상북도 봉화에서 청량리까지 아홉 시간이나 걸렸다. 어머니가 고추장항아리 쌀 한 말을 이고 내린 보퉁이에는 큰 장닭 한 마리가 대가리를 내밀고 있었다.

나는 어머니와 이십오 원 하는 전차를 탔다. 사람들은 맨드라미처럼 새빨간 닭 볏을 신기한 듯 들여다보았다. 나는 닭대가리를 보퉁이 속으로 꾹꾹 눌러 넣었다. 아무리 꾹꾹 눌러 넣어도 힘센 장닭은 계속 꾹꾹거리며 대가리를 내밀었다.

빨리 전차에서 내리고 싶었다. 손바닥에서 진땀이 났다. 전차는 땡땡거리고 가도 가도 왕십리는 멀기만 했다.

—「먼 왕십리」 전문

청명한 이미지와 관조의 세계
— 권달웅 시집 『염소 똥은 고요하다』(동학사)

1975년 박목월에 의해 《심상》지로 등단한 권달웅 시인의 시집은 제목이 암시하듯이, 자연을 통해서 새로운 사유의 세계를 확장하고 있다. 그의 시정시는 단순한 서정이 아니라 감각적 이미지와 대립과 화해를 꿈꾸는 관조적 세계를 합일한 새로운 서정시의 정체성을 확보하고 있다.

유성호는 그의 시를 가리켜 '내면적 서정을 추구하는 언어의 양식' 이라고 평하면서 고통과 상처를 추스르고 치유하는 견인의 미학에서 구축되어 있다고 했다. 그의 시세계는 사람살이의 어려움, 가난한 삶에 대한 비애와 꿈, 나아가 사람살이의 가장 바람직스런 길은 어디에 있을까에 대한 궁리 등이 선명하게 투영되어 있어 서정시의 울림과 공감성을 획득하고 있다.

그의 시는 직선적인 진술이 아니라 비유나 유추를 통한 상징적인 표현을 하고 있어, 현대화의 휘황한 스펙트럼을 모두 덜어내고 잔잔한 관조를 통해 불러낸 순수하고 원초적인 것들이다.

그의 시가 지니고 있는 언어의 정교함, 이미지의 청명성, 심도 높은 사유의 세계는 그가 얼마나 오랜 기간 시적 사고의 깊이를 하고 있는가를 증명하고 있다.

권달웅 시집 『염소 똥은 고요하다』가 지닌 문학적 위상은 서정시의 궁극적 정체성을 보여준 뜻 깊은 의미로 받아들여지고 있다.

—「출판사 서평」에서

권 달 웅 경북 봉화 출생. 1975년 《심상》으로 등단. 시집으로 『해바라기 환상』 『사슴뿔』 『바람 부는 날』 『지상의 한 사람』 『내 마음의 중심에 네가 있다』 『크낙새를 찾습니다』 『반딧불이 날다』 『달빛 아래 잠들다』 『염소 똥은 고요하다』 등이 있고, 시선집으로 『초록세상』 『감처럼』 『흔들바위의 명상』 등이 있음. 편운문학상, 최계락문학상, 펜문학상 수상. kwondal22@hanmail.net

박기섭

매미 떼가 유월 한낮을 떠메고 다니다가

개울 바닥에다 메치고 멱 감기고

산발치 깨밭 콩밭에 물도 주고 그런다

물을 주다는 말고 윗뜸으로 올라가서

홀어밋집 마당 가에 물동이를 엎어 놓고

웃자란 호박넝쿨을 울 너머로 보낸다

—「유월」 전문

견고함과 솟구침의 미학
— 박기섭 시집 『角北』 (만인사)

현대 '시조미학의 표지'로 불리는 박기섭 시인이 『달의 문하門下』(작가, 2010. 10)를 출간한 이후 4년여 만에 다섯 번째 신작 시집 『角北』(2015. 1. 30.)을 만인사에서 출간하였다. '角北(뿔의 북쪽)'은 경북 청도에 있는 지명으로 현재 시인이 살고 있는 정처定處이다. 1980년 《한국일보》 신춘문예로 문단에 나온 박기섭 시인은 견고하고 강인한 남성적 사유와 정서를 결합한 풍경을 보여줌으로써 그동안 한국 현대시조가 몰입해 온 여성적 정한이나 자연 친화 같은 정적 세계와 뚜렷이 변별되는 동적 세계를 구축해 왔다는 평을 듣는다. 민속품과 골동품 등 우리 문화 전반에 조예가 있어 몇 해 전, '각북'의 비슬산 자락으로 삶의 터전을 옮겨 '행옹당'이라는 당호처럼 스스로 자연의 일부가 되어 살고 있다.

그런 시인이 현재의 정처에서 이루어 낸 시적 미학이 『角北』으로 결실을 맺은 것이다. 『角北』은 전체 5부로 나누어져 총 60편의 연작 시조를 수록하고 있는데 시편 하나하나가 옹골차고, 자연과 인생에 대한 통찰을 보여주고 있어 독자를 긴장하게 만든다. 또한 견고함과 솟구침의 미학을 통해 자신만의 역동성을 일관되게 보여 온 박기섭 시인의 시조는 멋스럽고 웅숭깊다. 시인은 정형의 시조 율격이 주는 음악성을 극대화하기 위해 단어 선택 하나에도 심혈을 기울인다. 시조 형식의 속성이 '정형률이기 이전에 인간율'임을 강조하는 시인의 시조미학은 그간의 현대시조가 형성해 온 주류 미학을 한껏 벗어남과 동시에 새로운 주류 미학을 욕망하는 역동적 언어를 생산해 낸 것이다.

끊임없는 자연의 순환 속에서 자연과 인생에 대한 성찰을 느낄 수 있는 연작시조집 『角北』을 읽으면 '시조미학의 표지'라는 이름에 값하는 시조의 품격과 드높은 정신의 결속을 만나게 된다.

— 임채성(시인)

박 기 섭 1980년 《한국일보》 신춘문예로 등단. 시집으로 『키작은 나귀 타고』 『默言集』 『비단 헝겊』 『하늘에 밑줄이나 긋고』 『엮음 愁心歌』 『달의 門下』 등이 있음.
haengongdang@hanmail.net

박종국

스멀스멀 기어오른 벌레 같은 어둠이 능선을 갉아먹는 소리, 놀라 뛰는 노루 뒷발에 채인 나뭇가지 찢어지는 소리, 암노루 궁뎅이가 희끗희끗 산기슭을 적시는 저녁나절이다

그런 틈새에 살아가는 것들, 어슴푸레한 빛 속 어둠이 몰고 오는, 견디기 어려운 푸석거림, 가엾은 마음을 사르는 능선이 붉은 저녁나절이다

어둠이 빛을 지우는 부적 같은 한 장의 그림이 드러내 보이는 숲 속에는 꽃과 잎들이 떨며 진주 같은 이슬방울 떨어뜨리고, 껍질을 하나하나 벗는 산봉우리, 장엄한 시간을 알려주는 저녁나절이다

잃을 것도 없는 것을 잃을까 봐 끊임없이 몸부림치는 저녁나절
어둠이 능선을 지우며 내게로 오는 동안, 어둠에 익숙한 하늘은 밥풀 같은 별 몇 알 오물거리고 있다.

—「저녁나절이다」 전문

긍정의 눈으로 바라본 깊은 미학

— 박종국 시집 『누가 흔들고 있을까』(천년의시작)

시작시인선 191권. 1997년 《현대시학》으로 등단한 박종국 시인의 신작 시집이다.

박종국 시인의 네 번째 시집 『누가 흔들고 있을까』는 등단 20년을 눈앞에 둔 한 중진 시인의 시적 생애에서 일종의 중간 보고서 같은 위상을 가지게 될 책이다. 그동안 박종국 시학의 원천이자 질료는 '색깔'이었고, 그것을 가능하게 했던 것은 '빛'이었다. 시인은 사물들이 스스로 빛을 뿌리는 순간을 '색깔'이라는 고유한 현상으로 잡아내었고, 전혀 다른 존재론적 전환을 꿈꾸는 역易의 상상력으로 줄곧 형이상학적 비의秘義를 탐색해 왔다. 그러던 시인의 궤적이 이번 시집에서는 경험적 직접성을 통해 농사일의 세목을 구체적으로 드러내는 쪽으로 변모하였다. 구체적인 농사 체험들을 채집하면서도 그것들을 깊은 긍정의 눈으로 바라본 미학적 성과물인 셈인데, 가히 새로운 모음母音의 질서요 스스로[自] 그러한[然] 원리들에 대한 친화적 전회轉回라고 할 수 있다.

하지만 이러한 외연적 전환에도 불구하고 박종국 시인은 여전히 사물들끼리 호혜적으로 주고 받는 전신傳信 과정을 하나하나 채록하면서 우주적 스케일의 형이상形而上을 그려낸다. 한 편의 아름다운 시이기도 한 「시인의 말」에서 그는 "어느 철학자보다/ 어느 학문보다/ 많은 가르침을 주는 농사일"을 통해 자신이 그동안 "존재자의 빛깔밖에" 보지 못했지만, 이제는 '흙냄새' '바람' '시냇물' 등이 "살 만한 세상"을 만들어가고 그 자연 사물들로 인하여 "모든 세상이 빛깔로 찬란하다는 것"을 알아간다고 고백하고 있지 않은가. 새로운 '빛깔'을 비로소 보게 된 지극히 자연스러운 마음의 성숙 과정이요, 존재론적 시원始原을 발견해 가는 마음의 우주요, 그 점에서 박종국 시학의 일대 미학적 진경進境이 아닐 수 없을 것이다.

— 「출판사 서평」에서

박 종 국 1997년 《현대시학》으로 등단. 시집으로 『집으로 가는 길』 『하염없이 붉은 말』 『새하얀 거짓말』 등이 있음. dwp5457@hanmail.net

서영처

땅 깊숙이 뿌리를 내려
오르간 소리처럼 피어오르는 숲
어디선가 비명 찢어진다
푸드덕거리는 산비둘기, 피 묻은 깃털 흩어지고
살쾡이 한 마리 사냥감을 물고 어둠 속으로 사라진다
비탈에 서서 송영을 쏟아내는 소나무 성가대
순례를 허락받은 자
천천히 산을 거느리고 내려온다

—「경건한 숲」 부분

유랑하는 삶, 삶이 된 노래

— 서영처 시집 『말뚝에 묶인 피아노』(문학과지성사)

문학과지성 시인선 463번째 시집으로 서영처의 『말뚝에 묶인 피아노』가 출간되었다. 2003년 계간 《문학/판》을 통해 등단한 서영처 시인은 "빛과 어둠을 유연하게 넘나드는 음악적 관능과 상상"을 보여준다는 평을 받으며 2006년 첫 시집 『피아노악어』를 선보인 이후 10년 만에 두 번째 시집을 펴냈다. 음악적 모티프와 자연 친화적 배경은 여전하지만 "광활한 평원에 방랑을 꿈꾸는 책을 완성한다."는 고백처럼 철학적 사유와 "비가悲歌나 애가哀歌가 아니라 하나의 경쾌한 목가牧歌"로 승화된 형식은 깊어지고 넓어진 시 세계를 확인하게 한다. 말뚝에 묶인 피아노 이미지를 상상해 보면 그로테스크하며 작위적인 심상이 느껴지지만 그 이미지 자체에서 피어나는 외로움과 절망, 그러면서도 현실 세계에 발을 붙인 듯한 안온한 느낌은 자아와 세계를 곧바로 응시하고 있는 시인의 뚜렷한 시 의식의 표현임을 짐작하게 한다.

상승과 확장이라는 평행하는 두 계열체의 대위법적 이미지들로 구성된 서영처의 시 세계는 어둠이나 죽음 같은 부정적 이미지들이 들어설 여지가 없다. 거기에는 오직 경쾌하고도 활력적인, 동시에 거칠고도 야생적인 생명과 삶의 에너지들만이 똬리 틀고 있는 것이다. 어쩌면 시인에게 있어서 시의 노래는 '살아 있는 형식'으로서의 음악이 된 야생적 삶이라고 해야 할지도 모른다. 서영처의 시 세계에서 시는 그 자체로 삶이 된 노래의 다른 이름이기 때문이다.

— 김진수(문학평론가)

서 영 처 1964년 경북 영천 출생. 2003년 《문학/판》에 5편의 시를 발표하며 등단. 시집으로 『피아노악어』가 있음. 현재 계명대학교 교양대학 교수. dwp5457@hanmail.net

송재학

물이 뚝뚝 묻어나는 부레옥잠 대궁으로 화선지를 두들기자 달의 숨결이 잠시 멈춘다 그 위에 달만큼 오래된 유묵을 먹였다 뭉툭한 솜방망이를 가져온 것은 뭉게구름이다 다시 살살 두들기고 부드럽게 문지르고 공글리자, 먹을 서 말쯤 삼킨 시커먼 월식月蝕이다 칠흑이다 달이 탄식하기 전 화선지를 떼어내 새들의 긴 빨랫줄 항적에 널었다

—「습탁濕拓」 부분

색깔이라는 감각의 공명
외면을 바탕으로 내면을 그려낸 스케치

— 송재학 시집 『검은색』(문학과지성사)

송재학 시인의 아홉번째 시집 『검은색』이 문학과지성사에서 출간됐다. 『푸른빛과 싸우다』(문학과지성사, 1994)에서 시작된 '풍경'에 대한 시인의 관심은 이번 시집에서도 과감하게 드러난다. 풍경 이미지를 보여주기 위해 활용되는 색깔, 소리, 빛 등의 다양한 감각들은 송재학이라는 통로를 거쳐 시문으로 씌어지고, 복잡하게 얽힌 심상들은 마치 하나의 문장처럼 출력된다.

세계의 외면이 그 내면과 일치한다는 시인의 생각을 고려해 봤을 때 감각기관을 통한 외면의 인지는 당연한 귀결로 볼 수 있다. 시 「흰색과 분홍의 차이」(『그가 내 얼굴을 만지네』, 민음사, 1997)를 시작으로 그는 감각 중에서도 색채에 관해 꾸준히 말해 왔다.

송재학의 시 세계에서 색깔은 세계의 본질을 이해하는 데 중요한 역할을 하는 것이다. 특히 이번에는 "검은색"이라는 가장 깊은 색에 대한 사유로 시집을 채우고 있다. 색채를 다루는 시인의 뛰어난 언어적 감각이 검은색이라는 모호하고 상징적인 색을 만나 역설적으로 다채로운 색을 빚어낸다. 모든 빛깔(감각)을 겹겹이 쌓았을 때 드러나는 색, 검은색. 검은 묵을 묻힌 검은 붓으로 씌어진 시들이 시집 『검은색』을 채우고 있다.

—「출판사 서평」에서

송 재 학 1955년 경북 영천 출생. 1986년 계간 《세계의문학》으로 등단. 시집으로 『얼음 시집』 『살레시오네 집』 『푸른빛과 싸우다』 『그가 내 얼굴을 만지네』 『기억들』 『진흙 얼굴』 『내간체를 얻다』 『날짜들』 등이 있음. re6666@hanmail.net

이덕규

조금만 참아라
다 와간다 좋아진다
이제 따뜻한 국물 같은 거
먹을 수 있다

멀리서 가까이로
개 짖는 소리 들리고
언뜻 사람들 두런거리는 소리도
지척에까지 가까워졌다가는
이내 다시
아득히 멀어졌다

어머니
누비 포대기 속에서
자다 깨다 자다 깨다
마흔아홉 번째 겨울이 간다

—「밤길」 전문

시의 솜털에 휘파람을 불어주는 섬세함

— 이덕규 시집 『놈이었습니다』(문학동네)

시인 이덕규가 세 번째 시집을 펴냈다. 『놈이었습니다』라는 제목의 이 시집은 1998년 《현대시학》으로 데뷔한 이후 근 20년 가까이 꾸준한 시작 활동을 해온 그의 또 하나의 결과물이자 다음 시집의 전초다. 당연하다 할 이 얘기를 앞서 꺼내든 이유는 이번 시집의 마지막 시에 해당하는 「설파說破하는 뱀」의 마지막 구절 때문이다. "—마침내 말로서 바위를 꾸짖어 산산조각 내겠다는 것이지—"라고 맺음을 하는데 왠지 끝이라기보다 한창 러닝머신 위를 최고조의 속도로 달리고 있는 운동깨나 한 사내 같아서다. 멈춤이 아니라 계속 달림의 신호, 밤새 열을 올린 선풍기의 뜨거운 만져짐처럼 이번 시집이 그렇다. 겉은 까매도 속은 빨갛다. 겉은 단단한 얼음장 같아도 속은 달궈진 구들장 같아서다. 진짜 이번 시집이 그렇다는 얘기다.

시인 이덕규를 만나 본 적이 있거나 그의 얼굴과 체구를 멀리서나마 훔쳐본 자가 있다면 딱 이거구나 할 제목 속의 글자가 바로 '놈'이다. 시에 대고 '놈'이라 붙일 수 있는 이는 생각보다 많지가 않다. 남자라서 다 '놈'이라 붙일까, 여자라서 다 '년'이라 붙일까. 결로 치면 가장 부드러운 것이 시의 속살이고 성격으로 보자면 가장 예민한 것이 시의 심성이라 할 때 '놈'의 지칭은 자칫 위험해질 수도 있는 선택이다.

그럼에도 불구하고 시인 이덕규의 시집 머리에 '놈이었습니다'를 통 크게 간판으로 붙여 올린 데는 그만큼 정이 많고 한편으로 시의 스케일이 넓고 깊은데다 가끔 시의 솜털에 휘파람을 불어주는 섬세한 입의 사나이를 그 말고는 쉬이 만나보지 못한 까닭이다. 그의 시편들을 하나하나 읽을 때면 접어 대는 페이지가 잦아간다. 어쩌면 투박하다 할 그의 시가 손으로 적어 꼬깃꼬깃 접은 뒤 당신 호주머니에 몰래 넣어주고 싶은 만큼 귀하게 여겨지는 것이다.

— 「출판사 서평」에서

이 덕 규 1961년 경기 화성 출생. 1998년 《현대시학》으로 등단. 시집으로 『다국적 구름 공장 안을 엿보다』 『밥그릇 경전』 등이 있음. cloudfactory@hanmail.net

이우걸

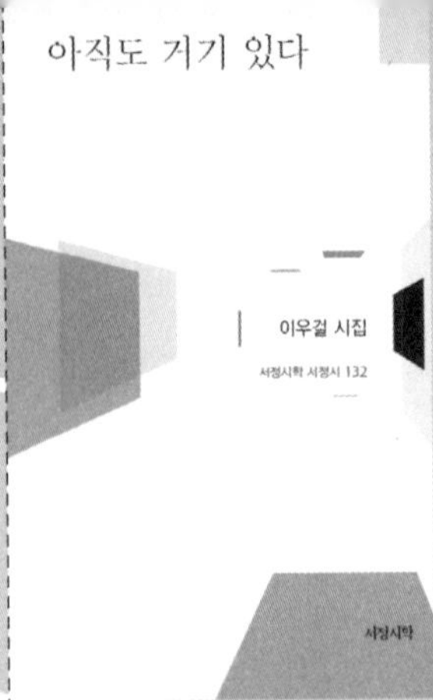

쓰다 둔 수저가 아직도 거기 있다

내 꿈의 일기장이 아직도 거기 있다

어머니 반짇고리가 아직도 거기 있다

—「아직도 거기 있다 –부곡리」 부분

절제와 온축과 성찰의 목소리

— 이우걸 시집 『아직도 거기 있다』(서정시학)

이우걸은 현대시조의 현대성 확보에 크게 공헌해 온 시인이다. 그가 자연 완상이나 내면 토로를 기조로 하는 구투舊套의 시조에서 벗어나, 하수구, 변기, 주민등록증 등 소소한 일상적 현장이나 사물을 문명 비판적으로 노래해 온 것도 그러한 의도와 지향을 선명하게 충족한다. 그만큼 그는 현대시가 놓치고 있는 '노래'로서의 속성을 밀도 있게 담아 내면서도, 시조의 양식적 위상 확보에 전력 투구해 온 시조의 사제司祭이자 전사戰士다. 이번 시집에 실린 단시조 70편은, 그가 주장해 온 '단시로서의 시조'가 거둘 수 있는 정점의 성취와 가능성을 구현한 결실로 다가온다. 그 한 편 한 편이 서서히 우리에게 말을 걸어온다. 과연 현대시로서의 시조는 어떤 가치와 미덕을 가지는가? 절제와 온축과 성찰의 목소리로 가득한 이번 시집을 읽으면서, 우리가 차근차근 대답해야 할 차례다

—「출판사 서평」에서

그는 시의 현존과 시조의 현존 사이에서 그 둘의 현존을 손잡으며 사는 이이다. 그는 시의 '소리'를 안다.

시를 지나가는 이들이여, 여기 잠시 멈추어 순진順進의 돛을 단 그의 배들의 펄럭이는 '소리'를, '소리심'을 만져보시기 바란다.

— 강은교(시인, 동아대 명예교수)

이 우 걸 1973년 《현대시학》으로 등단. 시조집으로 『맹인』 『나를 운반해 온 시간의 발자국이여』 『네 사람의 노래』 『주민등록증』 『이우걸시조전집』 등이 있음. 중앙시조대상, 가람시조문학상, 이호우시조문학상, 김상옥시조문학상 등 수상. leewg1215@hanmail.net

이정환

그래 울음무덤은 중천에 늘 떠 있지

좇아가지 못하는 눈길 탓하지 말라

끝없이 쌓아올려도 보이지를 않으니

눈에 닿지 않는 저 아득한 꽃무더기

꽃무더기 속으로 달아오른 몸뚱어리

오늘도 울음의 무덤 중천에 떠 있지

—「울음 무덤」 전문

인간의 근원적인 존재에 대한 사색

— 이정환 시집 『휘영청』(작가)

5부로 나뉘어져 총 72편의 서정시조를 수록한 이정환의 시조집 『휘영청』은 달과 별, 나무, 풀바람의 움직임 등 예사롭지 않은 계절의 정취와 인간의 근원적인 존재에 대한 사색을 담았다. 특히 5부는 지역에서 활동하는 여러 화가의 그림을 감상하고 쓴 시조이다.

시인에게 있어 계절의 순환은 아주 민감한 변화다. 생은 심히 어둡고 죽음은 소멸이지만 본향을 그리는 마음으로 영원성 구현에 힘썼으며, 또한 그 속에서 희망을 읊조렸다.

"뜰채를 내리기만 하면 한가득 올라오는 시어들이 곳곳에 도사리고 있는 곳, 내 시의 젖줄은 네댓 살 때부터 시렁 위에 얹힌 채 꾸들꾸들 말라 가고 있었다. 지금도 나는 몹쓸 사무침이 스멀스멀 밀려오면 불쑥 고향 바람 길에 몸을 싣는다. 서둘러 옹기마다 고독의 물을 채우고 라이너 마리아 릴케의 시를 띄워서 두 손을 모아 목을 축인다. 아! 아직도 지천으로 널려 있는 시의 금싸라기 땅, 원시의 내 고향"이라고 「시인의 산문」에서 밝혔듯이 이정환 시의 모태는 삼국유사의 고장, 군위군 고로면 학암리 성황골이다.

《고향의 봄》 속의 정경과 흡사한 두메산골 학암리에서 입언저리가 붉어지도록 참꽃을 따먹으며 허기진 배를 안고 온 산을 헤매던 일, 어느 늦가을 날 꽃상여를 따라가다 마른 떡을 받아먹던 기억의 잔상들이 시인에게는 이제 시적 이미저리로 남아 있는 것이다.

— 「출판사 서평」에서

이 정 환 1954년 경북 군위 출생. 1978년 《시조문학》 천료, 1981년 《중앙일보》 신춘문예 당선. 시조집으로 『아침 반감』 『불의 흔적』 『물소리를 꺾어 그대에게 바치다』 『가구가 운다, 나무가 운다』 『별안간』 『휘영청』 등이 있음. 대구문학상, 중앙시조대상, 이호우시조문학상, 가람시조문학상, 현대불교문학상 등 수상. jhwanl@hanmail.net

장현우

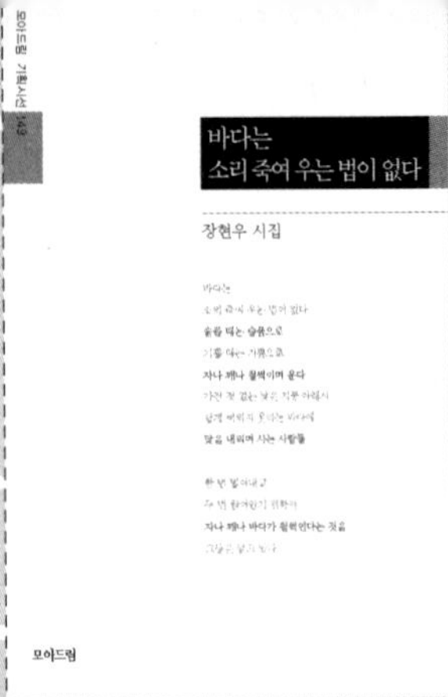

이른 아침 매실나무들은
군데군데 커다란 고치처럼
하얀 실타래를 두르고 있습니다
이슬방울도 방울방울 매달렸습니다
햇살에 방울방울 눈부신 거미집,
그 집에 세들고 싶어
바람도 서성이다
그 집 대문을 두드립니다
산골짝이 일제히 반짝입니다

—「거미집」 전문

고요할 것 같지만 고요하지만은 않은 세월

— 장현우 시집 『바다는 소리 죽여 우는 법이 없다』(모아드림)

살아가는 일이 드넓은 바다 위를 떠다니는 것과 같다. 언제는 고요하게 언제는 드높게 요동치는 것이 바다다. 삶은 언제나 바다처럼 출렁이기 마련이다. 나는 섬에서 태어나 바다를 보고 자랐다. 바다 같은 산 같은 변함없는 고만고만한 삶들이 아무런 울음소리 없이 고요할 것 같지만 고요하지만은 않은 세월이었다.

산골 마을로 들어와 만만하지 않은 농사를 배우면서 고된 몸보다 고만고만한 것들로 마음이 풍성해진다. 그래서 내 눈에 보이는 모든 사물과 자연, 농사짓는 일들이 하찮고 보잘것없고 눈에 잘 띄지 않고 고만고만한 일상을 시의 소재로 삼고 그것들의 눈으로 세상을 보고자 했다.

—「시인의 말」에서

간결하고 선명한 시간의 삽화를 통해, 한 시절의 구체적 경험들로 아스라하게 보여준다. 그 안에서 우리는 가장 원형적인 삶의 심층이 미학적으로 되살아나고 있음을 바라보고, 또 가장 멀고도 가까운 근원적 시간들이 힘있게 농을 치고 있음을 발견한다. 속도전으로 충일한 우리 시대에, 시인은 이렇게 근대적 효율성의 더께들을 관통하여 우리가 잃고 살아가는 고전적 시공간을 회복해 주는 것이다. 이 같은 노력은 우리에게 시사하는 바가 작지 않은데, 그것은 그 이면을 이루고 있는 것이 바로 가난과 사랑의 마음이기 때문일 것이다. 그 가난과 사랑의 마음이 자연 사물과의 깊은 연대감으로 피어나고 있는 수간의 미학, 그것이 장현우 시학의 깊은 내질內質인 셈이다.

— 유성호(문학평론가, 한양대 국문과 교수)

장 현 우 2006년 《문예연구》 시부문 신인상으로 등단. 시집으로 『귀농일기』 『바다는 소리 죽여 우는 법이 없다』 등이 있음. toa403@hanmail.net

정용국

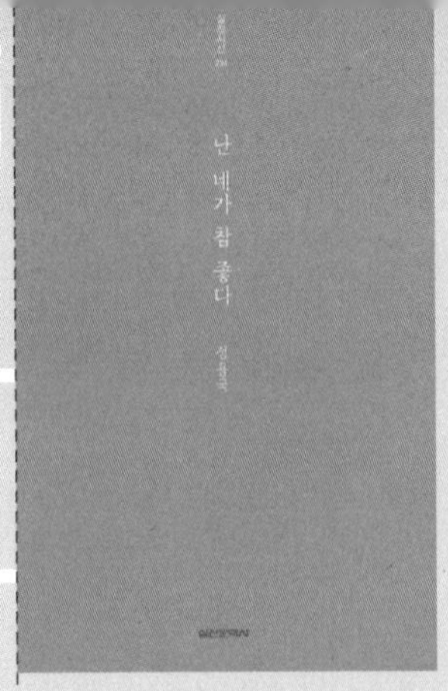

햇살은 들다 말고
바람도 스쳐가는

중곡동 헐한 월세 반지하 창밖에는

귀 열린 상추 댓 포기
옹알이가 한창이다

잔웃음 자지러진
외손자 걸음마에

장맛비로 반 토막 나 울상이 된 품삯도

해거름 탁배기 잔에
다소곳이 졸고 있다

—「반지하 창밖에는」 전문

몸의 맛을 경험하는 새삼스러움

— 정용국 시집 『난 네가 참 좋다』(실천문학사)

정용국의 시집 『난 네가 참 좋다』는 마침내 고향에 들어 실향의 한을 떨쳐 보이는 시인의 충일감으로 가득 차 있다. 그에게 '시조'는 고향과도 같은 것, 그 뿌리에서 그리움을 익혀 시인으로 일가를 이루었으니, "알 빠진 주판을 들고/오십 년을"(「명왕성」) 버티며 새삼스럽게 3장 6구의 형식을 지켜내려는 일 자체가 이력의 전부라 할 것이다. 그러므로 "불배롱 환하게 내건 들머리 감나무 길"(「우박」)을 걸어 마침내 고향 집 문 앞에 도달한 그의 시조에서는 미학적 완성을 향한 강고한 집념과 질박한 구도가 읽힌다. 그가 힘껏 시위를 당겨 독자를 향해 쏘아 보내는 이 정념의 화살에는 쏟아지는 '우박' 조차 "설익은 사리 몇 과"(「우박」)로 바꾸어 놓는 변신에의 열정이 엿보인다. 그러나 생활에 엉겨 붙는 정념들을 형식의 틀에 가두는 일은 훨씬 가혹한 운명일 터. 시조가 함축미만 내세운다면 풀어졌다 여며지고 느슨했다 팽팽하게 다잡아지는 마음의 굴곡들을 어떻게 건사할 수 있을 것인가. 그런 면에서 정용국의 시편들은 오히려 균형과 배려를 뛰어넘는 수많은 서사들을 온축시켜 다시 정형으로 되감는 새로운 전통을 시조의 전범典範으로 내세운다. "사람이 내는 길은 흐려져 가뭇"(「자산玆山에서 길을 묻다」)할 뿐이므로, 우리는 그의 시조로 새삼스러운 몸의 맛을 경험하는 것이다. 그에게 정률定律의 배려는 오히려 세월을 곰삭힌 가뭇한 형세로 나타나니, 전말을 다한 이야기조차 한 편의 시조로 응축된 장편掌篇이라 일컬을 만하다. 젖어들어야 건너는 게 여울목이듯, 이웃의 긴 겨울을 걱정하는 현실에 대한 살뜰함도 그의 시조로 하여금 그늘에 잠겨드는 "급식소 긴 줄 사이로/ 짧은 해는 설핏 눕"는(「월동」) 세간의 풍경을 연민으로 아득한 시선에 젖어들게 한다.

— 김명인(시인)

정 용 국 1958년 경기도 양주 출생. 2001년 《시조세계》로 등단. 시집으로 『내 마음속 게릴라』 『명왕성은 있다』 『난 네가 참 좋다』, 기행문 『평양에서 길을 찾다』가 있다. 이호우문학상, 가람시조 문학상 신인상 수상. yong5801@daum.net

정진규

왼쪽 눈이 고장나기 시작하더니 오른쪽 눈이 턱없이 밝아지기 시작했다 관음觀音 안경을 갈아끼웠다 새로운 보행을 시작한 징조다 내 두 손은 민첩해졌다 그림자놀이를 시작했다 그림자놀이 천수千手를 두 개의 벽에 비추기 시작했다 두 개의 벽을 설치해 놓았다 동영상이다 장차 천 개의 손들이 기대된다 이승의 벽과 저승의 벽을 내왕하기 시작했다 오른쪽 눈이 이승과 저승을 열었다 비로소 회사후소繪事後素다 우주 한 분이 하얗게 걸리셨어요

—「그림자놀이 1」 전문

나날이 깊어 가는 그림자

— 정진규 시집 『우주 한 분이 하얗게 걸리셨어요』(문예중앙)

하이데거의 지적대로 '손'은 내 절대적 존재다. 내가 '시'를 쓰다 보면 내가 시를 쓰는 게 아니라 시가 시를 쓰게 하는 운동의 정체正體가 된다. 그 '나'와 시의 정체가 바로 나의 몸, '손'이다.

내 나이 여든을 바라보고 있다. 한계의 나이지만 탄력과 긴장을 잃지 않는 상태의 절대적 존재, 시다운 시에 응답할 수 있는 예감을 가지고 있다. 화자 우월성을 극복하고자 하는 평소 나의 화두에 충실코자 하는 그 자체다.

「그림자놀이 1」에 보면 나는 이제 이승과 저승에 가볍게 내왕하는 것으로 되어 있다. 드나드는 것으로 되어 있다. 그렇게 겁 없이 삶을 굴신자재屈伸自在하고 있다. 죄송하다. 두 개의 벽을 설치해 놓고 있다. 마침내 회사후소繪事後素다. 거기 "우주 한 분이 하얗게 걸리셨어요"라고 고백하고 있다. 거기 이승과 저승의 동영상을 내 천 개의 손이 비추는 것이 「그림자놀이」다. 솔직하게 고백한다. 이곳에 대한 응답만이 아니라, 저곳에 대한 응답도 나는 받고 있다. 내 손이 종전의 시를 쓸 때 받던 전율과 다른 응답을 받고 있다. 실체가 있는 「그림자놀이」를 하고 있다. 겸허의 뜻으로 속 그림자를 깊고 깊게 드리우고자 하였을 뿐 그 그림자는 날로 깊어가고 있음을 확인한다. 비로소 나는 소통의, 아포리아의 나이에 들어선 것일까.

—「시인의 말」에서

정 진 규 1939년 경기도 안성 출생. 1960년 《동아일보》 신춘문예로 등단. 시집 『마른 수수깡의 平和』 『몸詩』 『알詩』 『도둑이 다녀가셨다』 『本色』 『껍질』 『공기는 내 사랑』 『律呂集 · 사물들의 큰언니』, 육필시집 『淸冽集』, 한국대표명시선100 『밥을 멕이다』 등이 있음. 한국시인협회상, 월탄문학상, 현대시학작품상, 공초문학상, 현대불교문학상, 이상시문학상, 만해대상, 혜산박두진문학상, 대한민국문화훈장수훈을 수상. hdsh1969@hanmail.net

정한용

보르헤스가 세상을 뜨기 전, 그러니까 1980년대 초반, 내가 군대에 있었을 때였는데요. 그의 문학에 매료된 나는 용감하게도 아르헨티나로 편지를 보낸 적이 있지요. 당신의 소설은 마치 '시' 같다, 서사와 상상의 울림이 새로운 세계를 보여준다, 등등, 칭찬을 하고 나서, 나의 시집 『유령들』을 당신이 근무하는 '바벨의 도서관'에 기증하고 싶다, 뭐 대충 이런 내용이었습니다. 전혀 기대하지도 않았는데, 그로부터 국제우편 답장이 왔고, 이것 때문에 한 열흘은 마음이 들떠 있었는데요. (아마도 앞을 못 보는 그를 대신해 비서가 보낸 것인지도 모르겠지만요.) 답장의 내용은 단 석 줄이었습니다. 지금도 정확하게 기억하고 있죠. "당신 시집 기증에 감사한다./ 우리 도서관에 백 년 동안만 보관하겠다./그다음에는 다시 찾아가기 바란다."

—「보르헤스 추억」 전문

그 말, 참말인지 거짓말인지

— 정한용 시집 『거짓말의 탄생』(문학동네)

여섯 번째 시집이다.
거친 언어 중에 당신 정곡에 닿을 말
하나 있음 좋겠다.

—「작가의 말」에서

문학동네시인선 078 정한용 시인의 시집 『거짓말의 탄생』을 펴낸다. 1980년 《중앙일보》 신춘문예에 평론이 먼저 당선되고, 1985년 《시운동》에 시를 발표하면서 시인이 되었으니, 시에 관한 그의 이력이 35년쯤 된다. 말쑥하고 멀쑥한 청년기의 세월이 아닐 수 없다. 그런 그의 여섯 번째 시집이다. 총 네 개의 챕터로 부를 나누어 전개되고 있는 이번 시집 속 시편들은 제목에서 유추할 수 있듯 '거짓말' 의 난무를 저마다 품에 안은 폭탄처럼 감추고 있는데, 얼마나 그 숨기는 재주가 탁월한지 이게 참말인지 거짓말인지 내 고개와 당신의 고개를 연신 갸우뚱하게 만든다. 그러나 그런 '거짓말' 을 행함에 있어 잘했다고 칭찬을 받을 수 있는 영역이 있다면 유일하게 문학의 세계가 아닐까. 이 세계의 위선을 툭툭 치고 퍽퍽 찔러서 우리들 스스로 제 자신의 '거짓' 을 토해 낼 수 있게 자극하는 유도제로 '거짓말' 처럼 진가 있는 약은 또 없을 것이다. 영리하고 명민한 정한용 시인은 이를 한껏 사용했다.

—「출판사 서평」에서

정 한 용 1958년 충주 출생. 1980년 《중앙일보》 신춘문예에 평론이 당선되고, 1985년 《시운동》에 시를 발표하면서 작품 활동을 시작. 시집 『얼굴 없는 사람과의 약속』 『슬픈 산타페』 『나나 이야기』 『흰 꽃』 『유령들』, 평론집 『지옥에 대한 두 개의 보고서』 『울림과 들림』 등이 있음. jeonghanyong@naver.com

최문자

문학동네시인선 071 **최문자** 시집 **파의 목소리**

알고 있었니
어머니는 무릎에서 흘러내린 아이라는 거
내 불행한 페이지에 서서 죄 없이 벌벌 떠는 애인이라는 거
저만치 뒤따라오는 칭얼거리는 막내라는 거
앰뷸런스를 타고 나의 대륙을 떠나가던 탈옥수라는 거

내 몸 어디엔가 빈방에 밤새 서 있는 여자
지익 성냥불을 일으켜 촛불을 켜주고 싶은 사람

어머니가 구석에 가만히 서서
나를 꺼내 읽는다

자주 마음이 바뀌는 낯선 부분
읽을 수 없는 곳이 자꾸 생겨나자 몸밖으로 나간 어머니
알고 있었니
기도하는 손을 가진 내 안의 양 한 마리

—「어머니」 전문

간만에 시여야만 하는 시를 만나다

— 최문자 시집 『파의 목소리』(문학동네)

최문자 시인의 일곱번째 시집 『파의 목소리』가 출간되었다. 앞선 시집들에서도 그 역량을 유감없이 발휘했듯 이번 시집에서도 시인 특유의 유연한 목소리와 자유자재로 뻗는 상상력의 자발성과 그럼에도 다소곳한 성품의 차분함이 읽는 내내 어떤 울컥함으로 내 안에 차고 고임을 느끼게 된다. 관록이라 부름직하지만 41년생, 우리 나이로 일흔다섯의 시인이 써나가는 시라 할 때 이토록 엄살 없이 아플 수 있을까, 이토록 긴긴 달굼 없이 뜨거울 수 있을까, 이토록 풍만하고 이토록 군살 없으며 이토록 처음 시를 쓸 때의 그 긴장의 허리뼈를 여전히 곧추 세울수 있을까.

최문자의 시는 그런 의미에서 참으로 놀랍게 읽힌다. 삶과 죽음 사이, 사랑과 이별 사이, 남자와 여자 사이, 하늘과 땅 사이…… 인간이 제아무리 설명한다 해도 실패로 끝나기 십상인 온갖 우주의 섭리를 여타의 다른 비유를 빌리지 않고 온전히 제 살아옴의 경험만으로 빗대 무척이나 솔직한 어조로 우리에게 다가와 있다. 간만에 시다운 시, 시답다 할 시, 시여야만 하는 시를 만난 기분이다. 그래 시는 이렇게 우리 얼굴을 간질이는 동물의 털처럼 흔들리는 것이 아닌가. "짐승들이 자꾸자꾸 몸안에 들어와 입이 되고 발이 되"는 소리 아닌가. 그러다 만나는 게 가끔 온전한 내가 아니던가.

— 「출판사 서평」에서

최 문 자 서울 출생. 1982년 『현대문학』으로 등단. 시집으로 『귀 안에 슬픈 말 있네』 『나는 시선 밖의일부이다』 『울음소리 작아지다』 『나무고아원』 『그녀는 믿는 버릇이 있다』 『사과 사이사이 새』가 있고, 시선집 『닿고 싶은 곳』이 있음. 한성기문학상, 박두진문학상, 한국여성문학상 수상. 협성대학교 문예창작학과 교수, 동 대학 총장을 역임했으며, 현재 배재대학교 석좌교수로 재직중. choiikik@hanmail.net

황인찬

그리고 그것들이
어떤 식으로 다시 아침의 빛과 어울리게 되는지

너의 아침은 이제 슬픔을 모르고
너의 아침은 이제 사랑하는 것만을 사랑하는 것

—「너의 아침」 부분

탁월한 감각, 깊은 사유로 한국문학사와 대결

— 황인찬 시집 『희지의 세계』(민음사)

여기 시를 쓰는 자신의 영혼을 견딜 수 없어 하는 젊은이가 있다. 동시에 시라는 아이를 너무나 좋아해 버린 시인이 있다. 그의 두 번째 시집이 세상에 나왔다. 『구관조 씻기기』로 제31회 김수영문학상을 수상하며 화려하게 등장한 황인찬 시인이 돌아온 것이다.

이번 시집 『희지의 세계』를 통해 시인은, 한국문학사와의 대결에 돌입한다. 그것은 '매뉴얼화' 된 전통과의 다툼이며, 전통에 편입하려는 본인과의 사투이기도 하다. 주체가 퇴조한 동시대 젊은 시인의 움직임 중에서 황인찬의 시는 돋보이는 사유와 감각을 보여 준다. 치밀한 싸움을 멈추지 않는 젊은 시인 황인찬이 구축한 『희지의 세계』로 독자 여러분을 초대한다.

그와 동시대의 젊은 시인들의 시에 나타나는 '주체의 퇴조' 는 '이카리 신지의 고민' 과 어느 지점에선가는 닿아 있다. 아무도 정의가 무엇인지 가르쳐 주지 않고, 그 참고점이 될 만한 전통도 이미 매너리즘(=매뉴얼화)에 빠져 버린 상황에서 그들은 몸을 숨기고 대상을 관조하고 사태를 관망하는 데 머물게 된 것인지도 모른다. 그러나 그렇다고 하더라도 그 와중에 모두가 자기만의 이야기를 누구의 도움도 없이 만들어 내고 있는 것은 아니거니와, 한국문학사와 대결하는 황인찬의 박력과 패기는 그중에서도 단연 돋보이는 것이 사실이다.

— 장이지(시인)

황 인 찬 1988년 경기도 안양 출생. 2010년 《현대문학》 신인 추천으로 등단. 시집으로 『구관조 씻기기』가 있음. 제31회 김수영문학상 수상. mirion1@naver.com

■ '오늘의 시' 기획 좌담

2016년 한국 시의 미학

참석자

— 유성호(문학평론가, 한양대학교 교수, 사회)

— 홍용희(문학평론가, 경희사이버대학교 교수)

— 함돈균(문학평론가, 고려대학교 민족문화연구원 연구교수)

일시: 2016년 3월 5일(土)

장소: 도서출판 작가 사무실

사진 · 정리: 《쿨투라》 편집부

최근 시의 지형과 지향

유성호: 안녕하세요? 오늘의 좌담은 지난 한 해 동안 펼쳐졌던 우리 시의 동향을 개괄적으로 점검하고, 또 많은 이들의 사랑을 받았던 대표 시집들을 큰 틀에서 검토함으로써, 지금 우리 시의

지향이랄까 좌표랄까 하는 것을 성찰하는 자리로 마련되었습니다. 우리 평단에서 가장 활발하고 역량 있는 현장 비평을 해 오신 두 분 선생님을 이 자리에 모시게 되어 참으로 기쁘게 생각합니다. 먼저 이번 설문 결과를 놓고 볼 때 어떤 특성이 읽혀지시는지 포괄적으로 이야기를 해 주시는 것으로써 논의의 물꼬를 터보겠습니다. 이 점에 대해서는 가장 젊으신 함돈균 선생님께서 말씀해 주시겠습니까?

함돈균: 몇 년 전부터 한국 시단에는 특별한 이슈가 없는 듯합니다. 말도 많았지만, 2000년대 중반 몇 년 동안 젊은 시인들에 의해 진행되었던 새로운 미학적 흐름이 얼마나 한국 문학에 활력을 불어넣는 이례적 사건이었는지를 역으로 되돌아보게 되는 때입니다. 중진이나 신인이나 특별한 미학적 '파격'이 등장하지 않은 채 각자도생을 모색하고 있는 이 현상을 '안정'이라고 해야 할까요, 아니면 어떤 탐색기라고 해야 할까요? 한편으로는 보이지 않게 각 세대별 작가들이 작품 내적 구조 안에서 어떤 영향을 주고받으며, 미묘하게 섞이는 미학적 경향을 감지하게도 된다는 점은 앞으로의 한국 문학을 생각할 때 섬세한 관찰을 필요로 하는 대목이라고 생각합니다.

저는 더불어 작년에는 한국 시단에서 텍스트 내적 논의보다도 문학장, 문학 구조, 문학과 사회와 시장, 작품과 출판사와 비평이라는 차원에서 아주 중대한 문제 제기가 있었다는 사실을 더 주목합니다. 신경숙 표절 사태로 요약되는 그 사건은 단지 표절의 문제가 아니라, 비평과 출판과 작가의 상호 연관 구조, 그러니까 사회적으로 존재하는 문학장의 파열을 보여주는 지점이라는 생

각이 듭니다. 시단 내부로 좁혀 보면 이 문제는 우리처럼 시인이 많고, 시집 출판이 활발하게 어쩌면 '과도하게' 이루어지는 나라에서, 시란 무엇이며, 왜 필요하고, 시집과 시인의 생산 구조를 만들어 내는 데 비평과 출판이 과연 건강한 방향으로 기여를 하고 있는지 새삼스러운 질문을 하게 합니다. 주례사 비평은 소설책에만 있는 것이 아니라, 어쩌면 우리 시단에도 관행적으로 만연해 있는 일로서, 비평이라는 이름의 문학적 평가, 해석, 견제 장치가 지금 한국 시단에서 제대로 작동하고 있는지, 나아가 한국 문화와 사회의 인문적 성숙에 어떤 기여를 하고 있는지 묻게 만드는 게 아닐까요? 이런 일들을 소나기나 피해 가는 심정으로 잊어버리고 지나가고 만다면, 시단의 외적 성장과 한국 사회와 문화의 실질적 성숙은 유리될 수밖에 없지 않을까 하는 고민을 비평가로서 하게 됩니다.

중진 시인들의 시세계

유성호: 감사합니다. 함돈균 선생님께서는 문단 내외에서 활력과 모순이 함께 점증했다는 것과, 문학장 전체의 지각 변동이 일어났다는 것을 짚어주신 것 같습니다. 시 분야에 한정하여 제가 말씀드린다면, 지난해에는 중견에서 원로를 포괄하는 층위에서

활달한 자기 성취가 있었다고 생각됩니다. 그러면 각 시집의 성취로 넘어가 보겠습니다. 『오늘의 시』에 선정된 시와 시집의 목록을 살펴보면, 중진과 중견 시인들의 약진이 두드러진다는 것을 알 수 있습니다. 사실 중진과 중견 시인들의 시집이 예년보다 많이 추천되어 있어서 놀라기도 했습니다. 실제로 예년에 비해 주목할 만한 중진과 중견 시인의 시집이 상대적으로 많이 출간되었기 때문에 이런 결과가 나온 것 같기도 합니다. 하나씩 이야기해 보지요. 먼저 중진 시인들의 시집을 이야기할 수 있겠는데, 홍용희 선생님께서 정진규, 송재학 시인의 시집들에 대해 이야기해 주시겠습니까?

홍용희: 정진규 시집 『우주 한 분이 하얗게 걸리셨어요』의 창작 방법론은 중국 청조의 화가 석도石濤가 자신의 화론으로 설파한 '일획一劃이 만획萬劃이요 만획萬劃이 일획一劃이다.'에 상응하는 것으로 보입니다. 일획이 획을 불러와 만획을 이루어 거대한 그림을 완성시켜 나가는 방법론이지요. 물론 여기에서는 만획 역시 각각의 일획의 존재론에 유기적으로 수렴되고 귀결됩니다. 이것은 작가의 우월적 권위나 의도와는 거리가 멀지요. 스스로 그러하니 그러한 '자연自然'과 하고자 하지 않지만 하지 않음이 없는 '무위無爲'의 시학에 해당합니다. 정진규는 스스로 '표4'에서

"내가 '시'를 쓰다 보면 내가 시를 쓰는 게 아니라 시가 시를 쓰게 하는 운동의 정체正體가 된다."라고 말하고 있습니다. 그는 시를 쓰기보다는 시가 시를 쓰는 자연 속에 참여하고자 합니다. 시의 우주적 생성과 활성의 전개 과정 속에 살면서 이를 노래하는 일종의 '수동적 적극성'의 특징을 보입니다. 그래서 이번 시집에는 도처에 "문자가 비추어집니다 응답이 돋습니다 도돌도돌합니다"(「그림자놀이 9」)라고 노래하거나 "시, 무슨 뜻인지는 알 수 없어도 시 자체가 이야기"(「그림자놀이 5」)하는 소리를 듣고자 합니다. 물론 이러한 시 작법이 가능한 것은 그의 오랜 시력과 적공이 "이승과 저승을 열"어 가는 "관음 안경"을 얻는 데 이르렀기 때문이지요. 앞으로 "꽃들이 입 열고 입 닫는" 우주의 율려를 스스로 즐기며 그 속에서 "환희라는 꽃"을 우리 주변에 지속적으로 더욱 풍성하게 피워 주시길 바랍니다.

송재학 시집 『검은색』을 펼칩니다. 유서 깊은 경전 같다는 인상을 받습니다. 우선 반듯한 산문체의 형식이 먹물로 탁본을 뜬 비문碑文을 닮았지요. 비석의 모양이 대체로 반듯한 사각형이잖아요? 먹물이라고 했습니다만, 탁본을 뜰 때 먹물의 색깔은 바로 "검은색"이지요. "습탁"이든 "건탁"이든 검은색 먹의 농담濃淡으로 글자를 베낍니다. 여기에는 유채색의 현란함이란 있을 수 없지요.

"흑백이며 풍화가 진행 중"(「단항리 해안」)인 흔적들만이 고졸하게 반영되지요. 실제로 송재학의 시편은 이러한 외적 형식뿐만이 아니라 내용도 크게 다르지 않습니다. 그가 시집 첫 장에서 이색적으로 "어디서나/ 나와 같은 질문을 하는 검은 색이 있다"라고 명시하고 있듯이 "검은색", 그 무채색의 초연한 탈속적인 정조가 시집 전반을 가로지르고 있습니다. 그의 시편의 시적 대상은 주로 일상적 현실보다는 "기억이 끌고 온 섬"(「단항리 해안」)이거나 "해안의 오래된 비석"(「해안선」)이거나 "우기雨期의 음악사音樂史"(「우기雨期 음악사音樂史」)에 대한 탐사에 바쳐집니다. 그리고 때로는 여기에서 더욱 비약적으로 소급되어 "천문"(「밀물 소식지」)이거나 "돌에 박힌 달"(「달의 제조」)이거나 "사막을 최초로 날아다녔던 시조새의 뼈"(「사막의 발자국들」) 등으로 표상되는 태초의 연대기까지 올라갑니다. 송재학은 우주적 근원의 화석까지 탐문하며 자기만의 "목판화 원본"(「목판화」)을 그리고 있는 셈입니다. 그리고 이를 통해 그는 "손가락뼈의 고딕"(「햇빛은 어딘가 통과하는 게 아름답다」)처럼 얼비치는 "시절을 구불구불 지나온 사람의 심정"(「건달불」)들의 본모습을 노래하고 있습니다. 특히 그의 이러한 탐색의 자세는 "수행하는 라마"(「야크 똥」)의 순례처럼 진지하고 경건하고 가지런합니다. 그의 시세계가 오래된 고전의 위의를 느끼게 하는 까닭도 여기에 있습니다. 다만 이것이 자칫 냉동적 지혜 혹은 지식으로 갇혀질 수도 있다는 것은 경계해야 할 것 같습니다.

유성호: 저는 권달웅과 박종국 시집에 대해 말씀드려 보겠습니다. 권달웅 시집 『염소 똥은 고요하다』는 낱낱 사물들이 품고 있

권달웅

는 내적 비의秘義에 대한 차분하고도 견고한 관조, 그것을 자신의 정신적 자세에 비유하는 윤리적 염결성, 그리고 과거 기억을 현재 삶과 결합시키면서 끌어올리는 그리움의 형상 등을 보여줍니다. 그만큼 우리는 그의 시가 깃들이고 있는 경험과 기억을 따라가면서, 그가 우리에게 들려주는 고백을 통해 그의 삶의 태도에 대한 미더운 관찰을 하게 됩니다. 가령 「먼 왕십리」라는 작품은 한 편의 아스라한 서사를 내장하면서 시인의 존재론적 원적原籍인 두 공간을 보여줍니다. 하나는 그의 고향 경북 봉화, 더 정확하게는 "경상북도 봉화군 봉성면 원둔리"(「별호別號」)이고, 다른 한 곳은 그의 청춘이 담긴 "왕십리"입니다. "가도 가도 왕십리"는 김소월의 「왕십리往十里」의 한 구절 "가도 가도 왕십리 비가 오네"에서 따온 것입니다. 시인은 그 '왕십리' 에서 목월 선생을 만나 시를 썼으며, 이제 그곳은 시인의 존재론적 원적이 되어 있습니다. 몇 해 후 그곳을 졸업할 때 시인은 "병으로 수척해진 어머니는 마른 짚단처럼 가벼웠다. 그날 어머니가 쓴 사각모엔 깊은 밤 밭은기침 소리 같은 싸락눈이 하얗게 내려앉았다"(「졸업」)에서처럼 '어머니' 와 함께하였습니다. 그렇게 권달웅 시편에서 '어머니' 는 가장 살가운 성정을 보여주는 권달웅 브랜드의 아름다운 대상으로 나타납니다. 저도 왕십리를 자주 걷는데, 이 시편이 자주 떠오릅니다. 우리 시단의 중진 시인이 성취한 뚜렷한 결실입니다.

박종국의 『누가 흔들고 있을까』는 사물들끼리 호혜적으로 주고받는 소통 과정을 하나하나 채록하면서 우주적 스케일의 형이상을 그려낸다는 점이 돋보이는 시집입니다. 한 편의 아름다운

박종국

시이기도 한 「시인의 말」에서 시인은 "어느 철학자보다/ 어느 학문보다/ 많은 가르침을 주는 농사일"을 통해 자신이 그동안 "존재자의 빛깔밖에" 보지 못했지만, 이제는 '흙냄새/ 바람/ 시냇물' 등이 "살 만한 세상"을 만들어가고 그 자연 사물들로 하여 "모든 세상이 빛깔로 찬란하다는 것"을 알아간다고 고백하고 있습니다. 새로운 '빛깔'을 비로소 보게 된 지극히 자연스러운 마음의 성숙 과정이요, 존재론적 시원始原을 발견해 가는 마음의 우주요, 그 점에서 박종국 시학의 일대 미학적 진경이 아닐 수 없을 것입니다. 이번 시집에서 박종국 시인은 사물들이 그려내는 섬세한 물리적 파상波狀에 자신의 궁극적 귀속처가 있음을 노래하면서, 자신의 감정을 직접 토로하는 것이 아니라 사물 자체에 집중하고 사물 스스로 말하게 하는 세련되고 깊이 있는 감각과 사유를 보여줍니다. 시인은 이러한 감각과 사유를 통해 사물들의 본성本性을 그대로 살리는 데 힘을 기울여 갑니다. 하지만 시인은 사물과 동화되지 않고, 사물과 한결같이 일정한 미적 거리를 유지하면서 중요한 그들의 속성을 형상적으로 추출하고 배열합니다. 다시 말하면 시인 자신의 경험을 노출하고자 하는 욕망을 경계하면서, 사물이 가지고 있는 본래적 속성을 드러내는 데 몰입하는 것입니다. 이러한 과정을 통해 완성된 이번 시집은 시인으로 하여금 자신이 살아왔고, 또 살아가야 할 삶의 표지標識들을 적극 유추하고 성찰하는 방법론을 취하게끔 하고 있는데, 그 유비적 방법을 통해 새로운 감각과 사유로 이끌어 간 결실이 말하자면 이번 시집인 셈입니다. 이제는 박종국의 대표작 가운데 하나가 될 명편 「저녁나절이다」는 하루가 저물어 가는 어스름에 시인이 명민한 감각으로 듣는 "스멀스멀 기어오른 벌레 같은 어둠이 능선을 갉아먹는 소리, 놀라 뛰는 노루 뒷발에 채인 나뭇가지 찢어지는 소리"로 시작됩니다. 시인은 농사일을 매개로 한 예민하고도 풍요로운 감각을 통해 자신의 체험적 진실을 발견하고 그것을 시 안에 풀어놓습니다. 그리고 "어슴푸레한 빛 속 어둠이 몰고 오는" 순간을 감득하고, "견디기 어려운 푸석거림, 가엾은 마음을 사르는 능선"의 울림을 들려줍니다. 그렇게 "어둠이 빛을 지우는 부적 같은 한 장의 그림이 드러내 보이는 숲 속"이야말로 '밭'의 신성한 변형이며, "장엄한 시간을 알려주는 저녁나절"의 확연한 은유가 아닐 것인가 하고 저는 생각해 봅니다. 소멸 직전에 오히려 엄청난 생성의 순간이 오물거리는 이볍에 이를 때마다, 우리는 이 작품을 자꾸 꺼내 읽게 될 것 같습니다.

김명인

함돈균: 김명인의 『기차는 꽃그늘에 주저앉아』는 작가가 근 15년 내외 동안 써온 시들 중에 시집으로 묶이지 못했던 시들을 수습한 시집이라는 점에서 눈길을 끕니다. 작가 입장에서는 '자식'이지만 품어 안지 못해서 안쓰러웠을 것들에게 존재의 거처를 마련해 주었다는 점에서 애틋한 위안이 될 만한 지점이 있을 것 같습니다. 그러나 여기에는 그 나름의 일정한 기획이 있어서 수습된 시들은 대체로 10행 내외의 것들입니다. 시인의 의도는 현대시에서 부차적으로 취급되는 듯한 인상을 주는 '형식'에 대한 관심에 있습니다. 오랫동안 압축과 생략을 통해 시적 기율이라고 할까요, 시적 긴장이라고나 할까요, 그런 것들이 일정한 시행의 질서와 절제 속에서 어떻게 유지되는지 작가 자신의 시를 통해

'시학'을 살펴본다는 의미를 스스로 부여하고 있는 것 같습니다. 형식적 관심과는 별개로 또는 더불어 오랜 시력을 거쳐 온 한 시인이 자연 안에서 고즈넉한 서정과 여백의 한 풍경이 되어 가는 모습을 엿볼 수 있습니다. 김명인의 시가 오랫동안 천착해 온 도저한 허무와 죽음의 문제가 무겁지도 가볍지도 않게 '꽃그늘'에 스며 있음을 감지할 수 있다는 점에서 역시 김명인의 시집임에는 틀림이 없습니다.

'원로시인'들이 진행하시는 문학 좌담들 중에 2000년대 이후 젊은 세대 시인과 비평가에 대한 비판을 하시는 경우를 적지 않게 봤습니다. 대체로 그 얘기들은 비슷해서 시의 산문화 경향, 난해성, 메타포의 실종, 압축적 형식미나 서정성의 부재 등에 관한 비판들입니다. 그런데 거기에서 언급된 시의 덕목들을 따지고 보면, 이것들도 시가 지닌 부동의 기율이나 형식이라기보다는 농경 사회를 기반으로 했던 전통 세계의 문화적 소산이 아니었던가 생각됩니다. 기하학과 같은 불변하는 공리가 시나 예술에 있다기보다는 문화적 조건, 삶의 조건, 심지어는 그에 따라 자연마저 변화하는 세계에서 다른 종류의 미의식과 예술 표현들이 출현하는 게 아닌가 생각되고요, 이것은 시만 그러한 게 아니라 소설의 형식이나 호흡도 마찬가지로 변화합니다. 호흡과 형식이란 몸과 연동된 감각의 표현이기 때문입니다. 전 예술의 가장 멋진 본질이 어떤 공리적인 기율에 의해 개별적 작품들이 지배되는 게 아니라, 개별 작품 하나하나의 구체적이고 특수한 수준에서 좋은 것과 나쁜 것이 판별된다는 데 있다고 봅니다. 원리의 문제가 아니라 개별적 수준에서 성취된 완성도에 따라 좋은 작품과 아닌 작품이 얘기될 수 있다고 봅니다. 이런 형식은 좋고, 저런 형식은 나쁘고 하는 건 없다고 생각합니다. 선과 악, 미와 추, 지배적인 것과 부수적인 것, 중요한 것과 부차적인 것에 대한 시대적 기준과 관행적 근거, 통념을 전도시키고, 모호하게 하는 것 자체에 예술의 존재 목적이 있을지도 모른다고 말하면 과한 것일까요. 말하자면 저는 인식과 감각의 차원에 있어서도 양반과 상놈의 구별을 전도시키고 통섭시키며 평등하게 하는 데에 예술의 목적이 있다고 말하고 싶습니다. 실제로 예술, 문학의 운동은 역사적으로 그러한 과정이었습니다.

최문자 시인의 시적 행로를 계속 지켜보면서, 또 지난 번 시집과 이번 시집 『파의 목소리』를 보면서, 저는 시적 개방성과 문학적 성실성이라는 지점에 대해 경의를 표하게 되는데, 이 시집은 무엇보다도 2000년대 이후 진행된 한국 시의 감각적 전변이 세대적 상호 대화 속에서 서로를 확장시킬 수 있는 실례가 될 수도 있겠구나 하는 생각을 하게 했다는 점에서 저를 즐겁게 합니다. 1982년에 《현대문학》으로 데뷔한 긴 시력을 지닌 선배 시인의 인생 통찰은, 1982년도의 감각이 아니라 바로 지금, 2015년, 2016년의 감각으로 표현되고 있습니다. 생을 관찰자로서 풍경에서 떨어져 나와 관조하지 않고 주인공으로 '살고' 있으며, 일상의 주인공이란 늘 훌륭한 교사로 존재할 수 없기 때문에 시인은 가르치지 않고 여전히 모르는 주체, 당황하는 주체, 때로는 어리석은 주체로 '겪고' 있습니다. '파' 처럼 맵지만 이번 시집의 문장들은 20대의 오렌지 향처럼 싱그럽게 터집니다. 시와 예술에 있어 진화란 시간이 흐른다고 나이를 먹는 것이 아니라, 오히려 엔트로피를 거슬러서 젊어지는 데 있습니다. 2015년의 가장 유니크한 인생 시집 중 하나로 추천합니다.

김사인의 『어린 당나귀 곁에서』를 보겠습니다. 한국어에는 '곡진하다' 라는 말이 있습니다. 국어 사전에서는 그 뜻을 '매우 정성스럽다'고 풀이하기도 하고, '매우 자세하고 간곡하다'고 풀이하기도 합니다. 하지만 둘 다 이 말의 뉘앙스를 충분히 전달하고 있지는 못합니다. '곡진하다'는 말에서 '간곡함'과 '정성'은 화자가 대상에 대해 저를 낮추면서 그 대상에 대해 어떤 애틋함과 공경함을 가지고 전달하고 표현하려는 간절한 무엇과 관련이 있습니다. 그건 다른 식으로 말해 화자로부터 파생된 '곡진함'이 쉽게 표현되기 어려운 '가까스로의 메시지' 즉 '시적인 말'과 통하는 어떤 것이라는 뜻이기도 합니다. 김사인 시집에 실린 시들을 관행적 문학 분류 속에서처럼 서정시라고도, 시집 해설의 표현처럼 민중시라고도 부르고 싶지 않습니다. 여기에 있는 모든 시들을 전 그야말로 '곡진한 시'라는 부류로 따로 분류하고 싶어요. 우리 시대의 시적 개성들 중에 독보적인 것으로서 전 '김사인 표' 시가 있다고 생각합니다. 바로 '곡진한 시'들이지요. 이 시인이 익어가는 사과에 대해서 얘기하든, 작고한 어떤 시인에 대해 얘기하든, 어떤 남루한 일상이나 볼품없는 제 육신에 관해 얘기하든, 전 국어사전의 '곡진하다'라는 말이 그 시를 통해서야 개념적으로 완성되었다는 생각을 해보기도 합니다. 위트와 육두문자에서조차 세계와 삶에 대한 신심어린 공경이 느껴집니다. 그러나 그 공경은 찬탄하거나 숭배되는 것이 아니라 삼켜지다가 가까스로 나오며, 사물을 향해 직접 내뱉는 말이 아니라 시인의 혀끝과 몸을 돌면서 어떤 저어함과 부끄러운 심정을 관통하여

김사인

겨우 표명되는 간절하고 신실한 말입니다. 말맛을 만드는 어떤 절묘한 '비틀기'도 무릎을 치게 합니다. 개인적으로는 2010년 이후 나온 한국 시집 중에서 가장 좋은 시집에 들어갈 수 있다고 생각합니다.

중견 시인들의 시세계

유성호: 이제는 한국 시의 허리 부분이라고 할 수 있는 시인들로 가볼까요? 이분들의 성취는 한국 시의 자산을 예감케 한다는 점에서 중요하지 않을까 생각해 봅니다. 먼저 홍용희 선생님께서 이덕규와 정한용, 그리고 서영처의 시집에 대해 의견을 말씀해 주시지요.

홍용희: 이덕규의 『놈이었습니다』는 맑고 한적하면서도 재미있습니다. 그의 시편을 읽어가노라면 마치 "찬물로 얼굴 씻고 앉아"(「갈근탕을 다리는 저녁」) 단정하고 온유한 수필을 읽는 느낌이 듭니다. 일상성 속에서 감지하는 삶의 성찰과 예지의 언어를 투명하고 견고하게 감각화하고 있는 것이지요. 그렇다면 그가 이와 같은 시적 삶의 위의와 자세를 유지할 수 있는 방법론은 무엇일까요? 그것은 그 자신이 "자전거 옆에 삽 질러 꽂고 물꼬 보러 나온/ 무슨 농사깨나 짓는 사람처럼/ 오십 년 넘게 농부를 핑계 삼아 가을 들판을 살러 나오는," "건달"(「투명」)이기에 가능하지 않을까요? 농사꾼이면서도 농사꾼이 아닌 경계인인 것이지요.

그래서 그럴까요? 그의 시적 정서의 거점은 '비속비야非俗非野'의 지대라고 말해 볼 수 있을 것 같습니다. 들도 아니고 세속도 아닌, 혹은 그 둘을 포괄하고 가로지르는 통섭의 생활상을 보이고 있습니다. 그는 생존의 현실 속에서도 "지적도 등기도 없는/ 그 무국적의 반짝이는 금모래 밭을"(「소월에게」) 향유하고 있는 것이지요. 그래서 그의 시편에서 농촌 풍경은 현실론에 함몰되지 않으면서 또한 낭만적 감상주의에 기울지도 않습니다. 이를테면 "울퉁불퉁한 고구마 자루를 쏟"으면서도 고구마 농사 얘기보다는 "고등학생 알머리"(「힘이 남아도는 가을」) 시절을 떠올린다거나 "여문 밤톨 하나/ 내 발 앞에 툭, 떨어지"(「키 큰 밤나무 아래에서」)는 소리에서 일상 속의 "어떤 늙은 처녀"의 하소연을 듣기도 합니다. 자연과 현실이 서로를 비추어 주는 깊은 거울이 되고 있습니다. 물론 여기에는 어느새 성숙해진 경계인의 인생론이 안팎으로 작용하고 있지요.

정한용의 시집 『거짓말의 탄생』은 지식인의 소시민적 일상성의 안팎에 대한 고현학적 관찰과 통찰이 주조를 이루고 있습니다. 그는 어느 시편에서 "나는 당신을, 우리는 여러분을/ 삶은 물론 죽음조차도, 서로 닮고 서로 훔친다."(「표절—보유」)라고 적고 있습니다. 세계의 일상성은 이와 같이 "서로 닮고 서로 훔"치는 과정이며 그 결과물들이라는 것이지요. 물론 이것은 현대 사회뿐만이 아니라 과거에도 공통적으로 적용됩니다. 이를테면, 몽테뉴의 『수상록』과 퇴계—고봉의 논쟁(「표절—내력」)에서 드러난 결론의 유사성에서도 확인된다는 것입니다. 의도하든 의도하지 않든 "서로 닮고 서로 훔"치는 양상은 시대를 초월해 동일하다는 것이지요. 그것이 세상의 존재론이며 "물 자체"의 속성이라는 것입니다. 그래서 정한용의 일상성의 고현학은 미시적이면서도 동시에 거시적인 조망의 안목을 보여줍니다. 특히 여기에서 거시적인 조망의 방법론에는 그의 지식인의 해박함이 유감없이 펼쳐집니다. 허균, 심익운, 박지원, 이덕무, 이옥 등 조선조 최고의 학자들이 펼치는 "백분토론"(「백분토론 유감」)이나 천체물리학자, 설치미술가, 생화학자, 진화심리학자들을 동원하여 그들의 견해를 적절히 구사하기도 하지요. 그의 소시민적 일상성의 "좌-우에 대한 숙고"(「좌우에 대한 숙고」)가 즉물적이거나 심정적 차원에 머무르지 않고 균형 잡힌 논리와 통찰의 체계를 갖추고 있는 배경이 여기에 있습니다. 물론 그렇다고 해서 그의 시편이 사회학적 엄정성을 지향한다는 것은 아닙니다. 다만, "가령, 언제 밥 한번 먹자, 라는 말이 사라지지 않고 공기 중에 떠돌 때, 그 시공간은 의심의 반죽덩어리가 되"(「배신자들」)는 상황에 대해 표면적 인식을 넘어 그 이면의 배경과 원리를 인식해 보고자 하는 것입니다. 그의 시편들이 "아동 교육비 최고, 저출산율 최고, 노인 빈곤율 최고 (중략) 약한 놈 짓밟기 최고" 등의 "우리네 민낯"(「아름다운 시절」)에 거점을 두지만 그러나 들뜬 풍자나 야유보다 시적 균정과 통어력을 유지해내는 동력이 여기에 있는 것이지요. 일상성의 안팎에 대한 면밀한 통찰의 균형 감각이 돋보이는 시집입니다.

서영처

서영처의 시집 『말뚝에 묶인 피아노』는 그야말로 "말뚝에 묶인 피아노"의 선율이 창작한 결과입니다. 바이올린을 전공한 음악가의 체질과 재능과 역량이 창작의 원천이며 동력이라고 생각됩니다.

시의 극단이 음악이라고 했던가요? 음악은 시의 언어가 육탈된 궁극이며 결정이며 뼈대에 해당된다는 것이겠지요. 서영처는 이러한 음악의 속성을 자신의 시 창작의 방법론이며 원리로 매우 잘 활용하고 있습니다. 이를테면, 그에게 “경건한 숲”은 “오르간 소리처럼 피어오르는 숲”(「경건한 숲」)으로 인지됩니다. 그래서 비탈에 선 나무들도 “소나무 성가대”로 지칭될 수 있지요. 또한 풀밭의 염소가 “오물오물 대기와 대지를 믹싱”하는 것도 “전혀 딴판인 음악을 리믹스”(「디, 디, 디제이 하는 염소들」)하는 것으로 감지합니다. 특히 그의 기본 음역은 반음 높은 “THE #” 지대에 자리잡고 있습니다. “THE #의 주제는 명랑과 사랑”이라고 합니다. 그래서 “어두컴컴하고 우울한 아파트들”도 그에게는 “벌집처럼 노란 꿀물이 흘러”(「THE #」)내리는 행복의 선율로 그려지곤 합니다. “THE #”의 음감은 “우린 평화를 사랑하는 태양과 장기 계약을 맺고/ 황금빛 시간의 부스러기들을 나눠 먹”(「산꼭대기 수선화 중창단」)는 신성한 존재임을 재발견시켜 주기 때문입니다. 서영처의 시편들이 표나게 명랑하고 경쾌하고 밝고 유려한 까닭이 여기에 있습니다. 세상에 대한 무한 긍정과 사랑의 시선이 기본 바탕을 이루는 것이지요. 그의 시편을 읽어 가면 어느새 독자들도 “따뜻한 음역의 바다 소년 단원들”(「f홀」)이 되어 출렁거리는 평화에 젖어들게 됩니다. 그는 자신만의 음악적 화성을 통해 우리를 매혹하고, 우리는 그의 화성을 통해 몸 속에서 되울리는 충만한 화음에 취하게 됩니다. 오늘날 시적 상상력과 문법이 단조롭게 패턴화되고 있는 지루한 상황에서 “신록을 연주하는” 신생의 “가로수길”(「노란 샤쓰의 사나이」)을 가장 전위에서 열어주는 시집이라고 생각됩니다.

유성호: 다음으로 함돈균 선생님께서는 고두현과 고영의 시세계를 개관해 주시지요.

함돈균: 고두현의 시집 『달의 뒷면을 보다』를 보겠습니다. '달의 뒷면'에는 뭐가 있을까요? 이는 자연과 일상에서 '달의 뒷면'을 포착하기 위해 서정의 흥취를 마음껏 들어올린 시집입니다. 시선의 깊이나 낯선 감각을 도입하여 이면에 접근하기보다는, 화자의 정서적 추임새를 통해 사물과 주체의 거리를 좁히는 방식을 취하고 있습니다. 아무래도 이런 방식은 산문적인 것이라기보다는 어떤 압축적 진술이나 직관에 의지해야 합니다. 그래서인지 시집은 현대적 문장 속에서도 전통적인 시와의 연관성을 떠올리게 하는 면이 있습니다. 자연과 인간의 일상이, 현대적 호흡에 전통의 정서가 결부되어 있는 단아한 시집입니다. 시집은 밝고 호흡은 유연합니다. 짧은 호흡 속에 깊고 먼 풍경을 포착하는 순간도 있습니다.

고영 시집은 왜 제목이 '딸꾹질'일까요? 왜 '사이학'일까요? 시집 제목이 된 표제시는 이 시집에 들어 있지 않습니다. 시집의 전체를 읽어보면서 다만 추측해 볼 뿐입니다. 이 시집을 관통하는 정서는 '생의 쓸쓸함' 같은 것입니다. 시집은 단순히 사람에 대해 관찰하거나, 역사에 대해 얘기한다거나, 자연을 완상한다기보다는 그것들을 통해 비롯된 생의 무늬, 생이라고 하는 것에 대한 작가의 판단을 정서적으로 표현하고 있습니다. 어떤 회한, 반성,

안쓰러움, 쓸쓸함 같은 것들이 그것입니다. 그것은 어떤 면에서는 '딸꾹질' 같은 것들이 아니었을까요? 주체의 의지가 제어하지 못하는 생의 풍경들, 생의 체험들, 그것은 끝내 닿지 못하고 이루지 못한 것들에 관한 회한일 것입니다. 그것은 내게서 비롯되었으되 타자에 닿지 못한 '사이'이며, 여기에서 시작했으되 저기로 건너가지 못한 '도중'입니다. 그런데 알고 보면 생이란 그런 게 아닌가 생각됩니다. 고영 시집은 은자隱者는 아니되, 닿지 못했으므로 결국 공동체의 구성원으로 살지도 못했던 한 작가적 삶이 물끄러미 쳐다본 생에 관한 풍경일 것입니다. 이런 시집에 흔히 개입될 수 있는 신파적 정서를 차단하고 있다는 점에서 시집의 수준을 확보한 좋은 시집이라고 생각합니다.

신진 시인들의 시세계

유성호: 저는 지난해에 나온 젊은 시인들의 시집 가운데 장현우 시집 『바다는 소리 죽여 우는 법이 없다』에 각별히 주목했습니다. 섬에서 태어나, 바다를 바라보고 자랐고, 이젠 농사일을 하며 살아가는 한 시인의 정성스런 자기 탐구 과정이 절절하게 녹아 있는 결실입니다. 간결하고 선명한 시간의 삽화를 통해, 한 시절의 구체적 경험들을 아스라하게 보여주는 「거금도」라는 작품은, 그 실명의 섬이 바로 시인 자신의 존재론적 기원임을 선명하게 보여줍니다. 잔잔한 듯한 바다일지라도 소리 죽여 우는 것이 아니라는 이 아픈 잠언箴言은, 우리가 살아가는 인생을 그대로 환기하는

유추적 진실이 됩니다. “슬플 때는 슬픔으로/ 기쁠 때는 기쁨으로/ 자나깨나 철썩이며” 우는 바다는 희로애락의 격정 속에서 살아가는 인간의 삶을 고스란히 비유합니다. 더구나 “가진 것 없는 낮은 지붕 아래서/ 쉽게 버리지 못하는 바다에/ 닻을 내리며 사는 사람들”로서는 더더욱 바다의 철썩임이 “한 번 밀어내고/ 두 번 끌어안기 위하여” 존재한다는 의미로 다가오지 않겠습니까? 그 철썩이는 자리에서는 “상처 잊지 말자고// 아문 자리에 흉터가 또렷”(「흉터」)하게 돋아나지 않겠습니까? 그 점에서 장현우 시인의 고향은 “곁에서 지켜보며 환하게 웃고 있는/ 어머니 사진으로/ 내 배경은 유년처럼 든든하다”(「사진」)라고 말할 때의 그 원천적 배경으로 자리하는 것입니다. 우리는 가장 원형적인 삶의 심층이 미학적으로 되살아나고 있음을 그 안에서 바라보고, 또 가장 멀고 또 가장 가까운 시간들이 힘있게 농울치고 있음을 발견합니다. 속도전으로 충일한 우리 시대에, 시인은 근대적 효율성의 더께들을 관통하여 우리가 잃고 살아가는 고전적 시공간을 회복해 주는 것이지요. 그 가난과 사랑의 마음이 자연 사물과의 깊은 연대감으로 피어나고 있는 순간의 미학, 그것이 장현우 시학의 깊은 내질內質인 셈입니다. 그렇다면 함돈균 선생님께서 신진 가운데 김중일과 황인찬의 시집에 대하여 이야기해 주세요.

김중일

함돈균: 김중일은 시단에 처음 등장할 때보다 지금이, 시집을 발표할 때마다 더 진화하고 심화되는 시인이라는 생각이 듭니다. 그의 존재감은 처녀 시집을 낼 때보다 지금 확실히 더 또렷하고, 일

정한 무게를 가지게 됐습니다. 그의 시가 자기만의 독특한 화법이나 세계를 구축해 나가고 있다는 뜻일 겁니다. 이번 시집을 읽는 몇 가지 독법이 있겠으나, 전 기본적으로 이 시집을 한 권의 '연애시집'으로 봅니다. 세상에는 많은 종류의 연애시집이 있지요. 아니, 어쩌면 모든 문학 작품의 상당수가 연애에 집중되어 있을지도 모릅니다. 이 얘기는 이중적입니다. 문학적 소재로서의 연애가 흔하다는 뜻인 동시에 가장 중요한 주제라는 뜻이기도 하며, 그 동시적 이유 때문에 독창적으로 그 얘기를 다루기가 쉽지 않다는 뜻이지요. 김중일의 이 시집은 연애의 형이상학을 지향합니다. 만나고 나누고 대화하고 다투고 닿지 못하고 닿으려 하는 그것이 어떤 방식으로든 관계의 존재 양상을 성찰하게 하며, '불면의 형이상학'을 만들어 냅니다. 경우에 따라 우리는 이 시집의 연애에서 정치와 역사까지도 얘기할 수 있을지 모릅니다. 내가 '살아가야 할 사람'은 그와 내가 '살아가야 할 세상'이기도 하기 때문이지요. 한국 시에서 이러한 야심찬 시도는 해볼 만하다고 봅니다. 추상과 구체, 보편과 특수를 한꺼번에 천착하고 표현해 보려는 시도는 좋은 시의 본질에 내재해 있기 때문입니다.

등단작부터 문단에 집중적인 관심을 받고 첫 시집 『구관조 씻기기』로 문학을 좋아하는 독자들에게 하나의 아이콘이 된 황인찬의 두 번째 시집을 볼까요. 대개 이런 경우 첫 번째 시집보다 두 번째 시집이 부담스럽고, 그 시집의 성과에 따라 시인이 어떤 수준에서 롱런할 수 있을 것인지 비평적으로 짐작되는 경우가 많지요. 평자들에 따라서 첫 시집이 더 좋다고 하는 경우도 많이 봤습니

황인찬

다. 그런데 제 경우에는 어떤 쪽의 완성도를 말하기보다는, 이 두 번째 시집이 황인찬의 본색을 더 잘 보여준다는 생각이 듭니다. 등단 초기부터 첫 시집까지 황인찬은 어떤 모호한 세계의 깊이를 자기 방식의 형이상학으로 노출하는 독특한 시작으로 주목받았습니다. 그 화법은 여운을 지니고 있고, 이미지는 여백을 지니고 있어서, 이 방식은 전통적 서정시를 좋아하는 독자들에게도, 좀 더 현대적 감각을 선호하는 스타일리스트에게도 모두 호응을 받을 수 있었지요. 『희지의 세계』는 이 형이상학을 이젠 바닥으로 깔고서, 훨씬 더 관계 중심적이고 '종로' 처럼 이 시대 일상을 표면 위로 들어올립니다. 이 표면이 사회와 정치와 역사의 시간 위에 존재한다는 것도 알 수 있지요. 이 목소리는 확실히 '청년' 의 것입니다. 그러나 2000년대 황병승의 시코쿠와도 다른 시간에 우리가 서 있다는 것을 이제 우리는 이 목소리에서 실감하게 됩니다.

정형 미학의 세계

이우걸

유성호: 이번에는 제가 정형시 쪽의 성취를 이야기해 보겠습니다. 먼저 이우걸 시집 『아직도 거기 있다』는 고희를 맞아 시인이 펴낸 단시조집입니다. 원래 이우걸 시인은 현대 시조의 변화 요청에 대한 진지한 고뇌를 보여온 대표적 중진이지요. 그의 시편들은 대체로 사회성과 서정성의 복합적 균형 속에서 태어나고 있으며, 우리 사회에 집단적으로 잠복해 있는 정신적 병리에 대하여

비판적으로 사유하고 있습니다. 이를 두고 시인 고유의 비극적 세계 인식이라고 부를 수도 있겠지만, 그 저류에는 비극과 절망을 넘어서 균형과 희망 쪽으로 생의 형식을 재구再構하려는 시적 욕망이 흐르고 있습니다. 그를 비관주의자로 부를 수 없는 까닭도 이러한 생의 형식의 갱신에 대한 그의 역동적 힘 때문입니다. 그 갱신의 방향은 사회에 대한 의식과 자기 자신에 대한 균형 감각을 통해 생성되고 있는데, 시인은 그 점에서 자연 완상이나 내면 고백을 기조로 하는 양식을 벗어나 다양한 일상적 사물이나 상황을 변주하여 대상화함으로써 현대성을 확장해 왔습니다. 그만큼 그는 현대시가 놓치고 있는 '노래'로서의 속성을 밀도 있게 담아내면서도, 시조의 양식적 위상 확보에 진력해 온 시조의 사제司祭이자 전사戰士입니다. 이번 시집에 실린 단시조들은, 극도의 절제와 함축을 시적 본령으로 삼는 시조 양식과 현대적 감각의 복합성을 결합시키려는 그의 지난한 노력을 담고 있습니다. 오직 시조 외길만을 걸어온 시인이 전통적 정서의 재확인보다는 모더니티와의 적극적 교섭을 통해 시조 미학을 확충하려는 노력과 성찰을 보여주는 것은, 현대 시조의 양식적 견지와 확충을 동시에 이루려는 그의 일관된 시학적 관심에서 나오는 것입니다.

박기섭

박기섭 시집 『각북』은 그동안 박기섭이 보여온 우리말 탐구와 동적 세계의 구축 과정이 아름답게 이루어진 결실입니다. 박기섭은 우리 시조 시단의 표지標識라고 불릴 만큼 그 대표성과 상징성이 인정되어 온 분인데요, 연성軟性보다는 견고함의 미학을 통해 그만의 시적 특성을 일관되게 보여 온 매우 드문 시인입니다. 이제 등단 40년을 코앞에 둔 그의 시조 미학은, 한국 현대 시조가 형성해 온 주류 미학을 벗어나면서도, 새로운 주류 미학을 건설해 가는 도정을 잘 보여줍니다. 특별히 이번 시집은 자신이 삶의 터전으로 삼고 있는 자연 풍경을 담아내고 있음에도 불구하고, 역동적 사물 파악과 정서 개진이 눈부신 밀도로 다가오는 실례들입니다. 우리에게 보여주는 선 굵은 음역音域과 그것을 역동적인 이미지로 잡아채는 활력은 우리 시조의 역사에서 매우 중요한 권역이 아닐 수 없겠습니다. 이때 그만의 언어와 정신의 결속이 확연한 시조 미학의 준거가 되고 있는 것입니다. 이번 시집에는 그가 현재 살고 있는 청도 각북면의 자연 풍경과 사람들 이야기가 담겨 있습니다. 따로 부제들이 달려 있지만 제목이 모두 '角北' 으로 되어 있는 일종의 연작이지요. 여기서 우리는 박기섭 시조가 잠언적 명제를 중심으로 하지 않고, '시詩' 라는 것이 궁극적으로 인간의 삶의 구체에서 우러나오는 언어적 감정 양식임을 잘 보여주는 사례임을 알게 됩니다. 각북에서 살아가는 여러 사람들의 이야기를 노래한 시편들을 통해 우리는 그 실감을 '서정' 과 '이야기' 가 조우하는 곳에서 만나게 됩니다.

이정환 시집 『휘영청』은 잃어버린 것들을 상상적으로 복원하고 탈환하면서 형이상학적 전율을 보여주는 뛰어난 결실입니다. 이정환 시조는 우리 시조 시단에서 근원적 사유와 구체적 감각을 결속하면서 시조의 심미성과 현실성을 증폭해 온 가장 뚜렷한 사례일 것입니다. 이정환 시인은 엄정한 정형 양식 안에서 사물과의 깊은 조응을 통해 삶의 호환할 수 없는 원리를 표현하고, 섬세한 묘사를 통해 심미적 재현을 성취하면서, 자연 사물 속에서 발견하는 삶의 이법을 더욱 아름답게 보여줍니다. 이번 시집은 이 모든 것을 커다란 스케일 안에서 이루기보다는 구체적 사물과 풍경 속에서 성취하고 있다는 점이 이채롭습니다. 자연 사물 속 깃들인 영속적 시간의 흐름을 깊이 있게 응시하면서, 생명 현상의 경이를 눈 밝게 관찰한 결과일 것입니다. 또한 이번 시집은 수많은 자연 사물과 어떤 근원적 존재에 대한 사유를 다양하게 담고 있습니다. 이는 이정환 시조가 일정하게 종교적 성찰을 기저基底로 하면서 인간 존재의 심층을 곧잘 투시하기 때문일 것입니다. 특별히 마지막 부분에는 지역에서 활동하는 화가의 그림을 보고 쓴 시조를 적극 담음으로써, 예술적 교호 작용을 암시하고 있기도 합니다. 이처럼 이정환 시편들은 자연 사물에 즉卽하여 생의 비의秘義에 다다름으로써 구체성과 보편성을 아울러 획득하고자 하는 시적 욕망을 일관되게 보여줍니다. 그래서 우리는 이정환 시조 미학을 통해 고향의 자연 사물과 인간 존재의 아름다움을 담은 세계를 한껏 느낄 수 있는 것입니다.

정용국

정용국 시집 『난 네가 참 좋다』는 등단 15년째를 맞아 펴내는 시인의 야심작이자, 우리 시조 시단에서 결코 만나기 어려운 돌올한 개성의 결실입니다. 이번 시집에서 정용국은 "3장 6구/ 따듯하고 작은 붓 하나로"(「시인의 말」) 세상의 여러 시공간을 관찰하고 탐사하는 고된 역정을 담아내면서도, 가장 따듯하고 심미적인 형상화 능력을 아울러 보여줍니다. 이번 시집에서 그는 이 땅 외따로운 곳에서 펼쳐지는 아프고도 가파른 삶을 더욱 정밀하게 응시하고 묘사하면서 그러한 궤적에 힘겹게 동행하는 모습을 일관되게 보여줍니다. 특별히 사람살이의 구체성에 깊이 착목한다는 점에서 매우 개성적인 면모를 보여주는 이번 시집은, 그간 우리 시조에서 주류화되어 왔던 권역과는 매우 다른 것을 보여주고, 그만큼 시조 소재의 외연 확장을 그가 수행하고 있음을 알려줍니다. 오늘의 삶에 깊이 뿌리박고 있어 더욱 큰 울림을 주는 그의 시조는 이처럼 현실 밀착 의지를 구체적으로 입증하는 동시에, 서정성과 현실성의 복합적 균형을 높은 수준에서 보여주고 있습니다. 일례로 「명왕성」은 시인의 정신적 기원이나 지향을 살필 수 있는 선명한 표지가 되어 주는데, 그것은 '명왕성'이 최근 태양계 행성 지위를 박탈당할 정도로 주변적 존재자이기 때문입니다. 시인은 명왕성을 "세상의 가늠으론 닿지 못할 갈피"의 상관물로 상정하면서, "정수리 한복판 아래/ 까마득히 박혀 버린" 시간의 흔적으로 형상화합니다. 그렇게 '명왕성'은 정용국 시편의 오랜 심상으로서, 이번 시집에서도 맨 앞에 그 모습을 드러냄으로써 시집의 예표적豫表的 길잡이 역할을 하고 있습니다.

박형준 시편의 세계

유성호: 이번에 『2016 작가가 선정한 오늘의 시』에서 동료 문인들로부터 가장 많은 지지를 받은 박형준 시편에 대한 이야기로 한번 옮겨볼까요? 두 분 이야기만 듣기로 하지요. 함돈균 선생님께서 먼저 이야기해 주시지요.

함돈균: 박형준의 시는 누추한 일상 가운데서 우리가 어떻게 '사람의 냄새'를 잊지 않고 살 수 있는지 상기시키곤 합니다. 회

고적인 에피소드는 그의 시가 상기에 있어 자주 사용하는 방식이지만, 그 울림이 진정성 있게 전달되는 데에는 그 시간을 현재적인 것으로 지속시키는 방법을 잘 알고 있기 때문이지요. 대체로 이 방식의 정서를 촉발시키는 시적 오브제의 선택에 탁월합니다.

박형준

「칠백만원」은 박형준 식 방법론을 잘 보여주는 시라고 할 수 있습니다. 장차 장가갈 아들을 위해 이불 속에 숨겨 둔 '칠백만원'은 식구들도 모르고 어머니와 아들만이 비밀입니다. 이 시의 정서적 유대는 칠백만 원을 이불 속에 숨겨두었다는 어머니의 정성에서 발생한다기보다는, 그 사실을 "식구들 몰래 내게만" 알려주었다는 사실, 가난한 모자 사이에 성립된 어떤 절실하고 애틋한 비밀의 공유에서 발생한다고 해야겠습니다. 어머니가 돌아가신 후에나 떠오른 '칠백만원'은 그 비밀의 은밀함이 그만큼 깊숙한 것이었다는 뜻이기도 합니다. 화자가 아직도 알지 못하는 그 칠백만 원의 행방은, 찾을 수 없기 때문에 그 비밀을 온전하게 어쩌면 훼손되지 않은 채 지속시킬 수 있게 되며, 어쩌면 이는 가난한 모자 사이에 영원한 비밀로 남을지도 모릅니다. 이런 에피소드의 차용 방식은 이 시를 '현실'이 아니라 아득한 설화처럼 만드는 효과를 빚게도 합니다. 그럼에도 불구하고 어떤 현실적 절실함이 이 시에서 유지될 수 있는 것은, 그 칠백만 원이 하나의 대상에 그치지 않고 채워지지 않는 결핍감을 상징함으로써, 그것이 어머니의 부재가 만드는 결핍감을 동시에 증폭시키기 때문입니다. 어떤 헛헛함과 애틋함, 그것은 잃어버렸기 때문이고, 부재하기 때문이고, 찾을 수 없는 것으로 남았기 때문입니다. 어쩌면 시는 이 '부재'와 '상실' 자체를 이미지화함으로써 삶의 궁극에 이르는 무엇을 탐색하는 작업일지도 모르겠습니다.

홍용희: 박형준의 「칠백만원」은 어머니에 관한 어머니를 위한 시편입니다. “어머니”가 호명될 때 이미 그 시는 반 이상 씌어진 것이라고 할 것입니다. 어머니란 말에 이미 시인과 독자는 서로 깊고 간절한 교감과 공감을 나누게 되지요. 어머니는 시인이나 독자나 모두 가슴 속에 간직한 가장 간곡한 울림의 언어이기 때문입니다. 이러한 이유로 어머니는 가장 시적인 언어이면서 동시에 가장 비시적인 상투어이기도 하지요. 이때 비시적인 성향을 최소화하면서 시적인 성향을 극대화할 수 있는 가장 효율적인 방법론은 무엇일까요? 그것은 완전한 새로움이거나 더욱 더 낯익음으로 가는 것이겠지요. 전자는 통상적인 어머니와 뚜렷하게 변별되는 낯선 이미지의 창출을 가리키고 후자는 체험적 진정성을 향해 정면으로 더욱 깊이 돌진하는 것입니다. 박형준의 경우는 단연 후자 쪽입니다. 그는 헌신적인 어머니를 향한 사모곡을 절절하게 부르고 있습니다. 어머니는 저승의 여비로도 쓰지 않고 칠백만 원을 남겨 놓았습니다. 생전에 막내아들 장가 밑천 하라고 “만 원짜리 칠백 장”을 “이불 속에 꿰매 놓은” 것이지요. “어머니는” 중요한 “돈을 늘 어딘가에 꿰매 놓았”습니다. “대학 등록금도 속곳에 꿰매고/ 시골에서 올라왔”다고 합니다. 돈을 속곳에 꿰매고 꿰맨 속곳의 실을 푸는 과정이 곧 누구도 흉내 낼 수 없는 어머니만의 순박하고도 헌신적인 자식 사랑의 모습이라고 하겠지요. “내 사십 줄의 마지막에/ 장가 밑천으로 어머니가 숨겨놓은 내 칠백만원/ 시골집 장롱을 다 뒤져도 나오지 않”고 있습니다. 그러나 그 돈은 이불 속에 분명 있습니다. 평생

찾지 못한다고 해도요. 그것은 이미 칠백만 원의 돈이 아니라 어머니의 헤아릴 수 없는 사랑이기 때문입니다. 가시적인 물질이 비가시적인 사랑의 정감으로 완전히 치환된 것입니다. 그 돈은 찾지 못할 것이고 찾지 못해도 장롱 속에 영원히 존재할 것입니다. 그래서 시적 화자의 곁을 지키는 가슴 뭉클한 절대적 사랑으로 지속될 것입니다. 가장 낯익은 것이 가장 감동적이라는 생각을 새삼 환기 시켜주는 시편입니다.

유성호: 감사합니다. 두 분 정말 수고하셨습니다.

박형준 시인 인터뷰

시, 운명을 헤아림

· 인터뷰 _ 이은규(시인)
· 사진 _ 설재원
· 일시 및 장소 _ 2016년 3월 8일 동국대 만해관 B동 316호

빨간 금붕어야 말해 보렴

이은규 이하(이) : 선생님 안녕하세요, 우선 '오늘의 시' 선정을 축하드립니다. 문득문득 겨울인 듯 그래도 봄인 듯한 절기인데 근황은 어떠신가요.

박형준 이하(박) : 반가워요. 무엇보다 추천해 준 동료 시인들에게 고마운 마음이 들어요. 물론 심사위원 선생님들께도 감사드리구요. 요즘 특별할 건 없는데 학기 초라 좀 바쁘게 지내고 있어요.

이: 3월은 이래저래 참 분주한 달이지요. 신생의 봄날이니, 유년 시절과 문학과의 연관성에 대해 먼저 말씀 나눠 보는 것도 좋을 것 같습니다.

박: 이거 정말 쑥스러운데, 그래도 답해 보겠습니다. 정읍에서 태어나, 초등학교 5학년 때 이미 성인이 된 형과 누나가 살고 있는 인천으로 전학을 가게 되었어요. 그전까지 살았던 고향은 그저 아름다운 풍경이었던 것 같습니다. 기억 속에서 아름답게 채색하려는 의도도 있고요. 유년기의 저는 괜찮은 소년이었다고 생각됩니다. 아니 믿고 싶어요. 부모님 사랑을 많이 받았는데 아버지는 말이 없는 분이셨어요. 실제인지 환상인지 모를 아버지와의 추억 하나가 떠올라요. 수두水痘로 온몸이 불덩이 같은 저를 아버지가 둘러업고 읍내 병원까지 뛰셨어요. 달은 차고 맑은데 숨을 헉헉거리며 들판을 내달리던 아버지가 잠시 저를 내려놓고 투박한 손으로 이마를 짚어 주는 기억. 제 기억의 단 한 면을 나중에 "아버지는 돌아가시기 전날까지 동구의 작은 밭을 싸리비로 마당을 쓸 듯이 손으로 일구다가 가셨다. 그러니 아버지는 이 세상의 채소를 다 먹고 하늘나라 채소를 맛보러 떠나셨을

것이다. 아버지의 하늘나라 길에는 채소밭이 끝도 없이 펼쳐져 있을 것이다. 밭을 사랑하여 밭 언덕에 모셔진 아버지, 이 세상과 저 세상을 잇는 그 싸리비질 소리."(「나는 채소 먹으러 하늘나라 가지」 부분)라는 문장들로 표현하기도 했어요.

그런데 요즘은 고향에 자주 내려가지는 않아요. 부끄러워서…. 돌아가신 두 분 부모님 생각을 떠올리면 무거운 마음도 들고요. 집은 폐가가 되었고, 장롱도 그대로 있고 벽에는 부모님 옷도 그대로 걸려 있습니다. 아무튼 그 모습을 마주대하면 부끄러워요.

다시 전학 이야기로 돌아가면, 제가 원해서 간 것인데 솔직히 출세하고 싶어서… 국가공무원이 되어 높은 자리에 오르고 싶었어요. 조금 황당하게 들릴 수도 있지만 정읍 정토산 중턱에 정토사가 있는데 그 고향 절에 올라가 들판을 바라보면서, 가난한 마을 사람들에게 들판을 나눠주고 싶다는 꿈을 갖고 있었습니다. 우리 마을을 구원해 주고 싶다는 생각이라고 해야 하나. 인상적인 장면은 어머님과 선생님께서 전학에 관한 상담을 나누시던 때를 기억해요. 그때 저는 교실 한편에 있던 어항 속 빨강 금붕어를 바라보고 있었어요. 금붕어가 만들어 내는 작은 물결을 보며 앞으로의 운명이랄까, 뭐 그런 것을 헤아려 보았던 것 같아요. 도시에서의 생활이 좋을까, 나쁠까 또 성공할 수 있을까, 없을까 등등. 그렇게 인천으로 가게 되었는데 막상 도착해 보니 생각과는 달리 제가 살게 된 수문통이라는 마을은, 도시라는 느낌보다 변두리 정서를 전해 주었습니다. 바다를 매립해서 만든, 쉽게 이야기하면 못 사는 동네였어요. 움직이지 않는 폐선들을 보면서 저 배들은 언제쯤 어떻게 바다로 나갈까, 라는 생각도 했고, 수문통 둑방에서 여치 우는 소리를 자주 듣기도 했고요. 꿈이 많았는데 시골보다도 못한 변두리를 접하면서 한참 실망을 했던 기억이 있습니다. 역설적이게도 인천의 그 정서가 제게 시에 관심을 갖게 해주었던 것 같아요. 중고등학교를 다니며 성적이 많이 떨어졌고, 시를 점점 더 좋아하게 되었어요. 그러다 백일장에 나가 입상도 하고 자연스럽게 문예창작과에 진학을 하게 되었습니다.

이: 운명을 헤아려 보았다고 하셨는데, 그 기억들이 모여 시라는 몸을 얻게 되는 것은 아닐지 생각해 봅니다. 말씀 끝에 부모님에 관해 들려주셨지요. 살펴보면 등단작 「가구의 힘」 뿐만 아니라 시집들 속의 수많은 시편들, 그리고 이번에 '오늘의 시' 에 선정된 작품 「칠백만원」에서도 가족들, 특히 어머님을 자주 만나게 됩니다.

시라는 비밀에 부쳐 두기

박: 그러고 보니 「가구의 힘」과 「칠백만원」이 어머님과 나눈 이야기에 관한 시이네요. 등단작에 나오는 외삼촌은 실제 졸부가 아니고, 묵묵한 농부이시랍니다. 나중에 외삼촌이 등단 소식을 듣고 좋아하셨는데, 졸부라는 표현을 보고 서운해 하셨다고 해서 시적 허용이라고 설명 드린 에피소드도 있어요. 등단 소식을 들었을 때가 떠오르네요. 눈이 참 많이 내리는 인천의 고가도로를 걸었어요. 내리는 눈발을 보면서 습관처럼 제 문운을 점쳐보았던 것 같아요. 앞으로 시를 잘 쓸 수 있을까, 없을까…. 전 사실 이렇게 스스로 점쳐 보는 걸 좋아하고 직관을 신뢰하는 편이기도 한 것 같습니다. 어린아이 수준으로, 클로버잎 떼며 아니다 맞다 점을 쳐 보는 마음을 아직도 갖고 있다고 할까요. 어떤 분은 제 시가 비극적이라고 말씀하지만, 꼭 비극만은 아닌 것 같아요. 운명을 점쳐 보는 일도, 시를 쓰는 일도 어디까지나 잘 살아 보자는 마음에서 온다고 생각하기 때문이라고 할 수 있으니까요.

「칠백만원」의 경우 시의 흐름대로 어머니 기일에 어머니께서 생전에 이불 속에 꿰매 놓으셨다는 칠백만 원 이야기를 가족들에게 한 적이 있어요. 어머니는 저에게만 칠백만 원에 대해서 이야기를 하셨던 거예요. 그렇게 어머니는 막내아들인 제게 하나의 비밀을 심어 놓으셨던 것 같습니다. "어디로 갔을까 어머니가 이불 속에 꿰매놓은 칠백만원/ 내 사십 줄의 마지막에/ 장가 밑천으로 어머니가 숨겨놓은 내 칠백만원/ 시골집 장롱을 다 뒤져

도 나오지 않는/ 이불 속에서 슬프게 칙칙해져 갈 만원짜리 칠백 장"이라는 구절이 떠오르네요. 생각해 보면 어머니의 마음을 칠백만 원으로 비유할 수는 없는 것 같아요. 사실 제가 찾는 것은 돈 칠백만 원이 아니라 어머니의 흔적 아니, 어머니 존재 자체에 가까웠다고 봐야지요. 이제 어머니는 이 지상 어디에서도 찾을 수 없으니까요…. 그래도 칠백만 원처럼 영원히 내 마음과 몸속에 꿰매진 상태로 있을 거예요. 조심스럽지만 이제는 부모님을 잊어버리고 싶어요. 그런데 어느 순간 어머님에 대해 쓰고 있는 저를 발견해요. 그래도 앞으로는 빈도수가 점점 줄어들 것 같습니다. 어머니가 시인이세요. 자식이 시인이니까 어머니도 시인이 되어야 한다고 말씀하셨던 게 기억이 나요.

이: 마지막 말씀이 특히 인상적입니다. '자식이 시인이니까 어

머니도 시인이 되어야 한다'는 그 마음으로 평생 선생님의 운명을 헤아리셨겠지요. 어머님께서 시 쓰는 일과 더불어 공부하시는 것에 대해 어떻게 생각하셨는지도 궁금해집니다. 학업을 이어 가신 계기나 배경에 대해 들려주실 수 있을까요.

박: 모든 어머니가 그렇듯 공부하는 자식에 대해 흐뭇해 하셨지요. (웃음) 제 입장에서는 일차적으로는 생계의 문제지요. 먹고 산다는 것…. 그 문제를 해결해야 한다는 의지가 절실했으니까요. 늘 의지가 꿈이 되면 좋겠다라는 마음으로 살아왔던 것 같습니다. 얼마 전에 『설전』이라는 책에서 접하게 되었는데 성철 스님이 법정 스님과의 인터뷰에서 "사람이 밥을 먹고 살아야 하겠지만, 밥에게 먹히면 안 된다"고 말씀하셨더라고요. 제가 공부를 하는 이유도 두 가지인데, 하나는 밥벌이를 해야 한다는 의지이고, 또 하나는 밥에게 먹히지 않겠다는 꿈에서 비롯되는 것 같아요. 인간의 삶을 거울에 비유한다면 밥 먹고 사는 일 때문에, 먼지가 낄 텐데 시를 쓰는 일은 그 먼지를 떼어 내고 씻어 내는 일이라고 할 수 있어요.

예전에 했던 인터뷰에서 저는 "죽을 때까지 잘살고 싶다"고 가장 평범하면서도 가장 중요한 바람을 꺼내 놓은 적이 있어요. 후배들 만나면 때때로 밥도 사 주고 싶고…. 적어도 남에게 손 벌리지 않으면서 살고 싶었어요. 시인으로서는, 그때까지 내가 쓸 수 있는 시가 있었으면 좋겠다고 생각하면서요. 하지만 현실적으로는 힘들었기 때문에 어머님께서 「칠백만원」에 나오는 행동을 하셨다는 생각이 들어요. 그래도 학교를 10년 이상 다녔는데, 그동안 시를 제일 많이 썼어요. 그리고 어쨌든 시 쓰기 외에 글쓰기를 지속적으로 할

수 있게 만들어 주는 환경이 만들어져서 좋았어요. 그런데 어려워요. 평론이나 소논문을 쓸 때 논리와의 싸움을 밀고 나가는 게 쉽지만은 않은 것 같습니다. 논리의 결말을 보여줘야 한다는 생각 때문이지요. 논문체라는 건 무엇일까, 왜 정해져 있는 걸까 궁금하기도 해요. 학교에 부임하면서 한 숨 돌렸다는 생각을 했어요. 아직 많이 부족하지만 지금보다 나은 시 선생이 되기 위해 열심히 노력하고 있고 무엇보다 학생들이 좋으니까.

이: 글쓰기와 공부, 강의… 세상 모든 일이 그렇듯이 어느 것 하나 쉬운 일이 없는 것 같습니다. 그런데 또 생각해 보면 그 일만큼 좋은 일은 없는 것은 아닌가, 라는 생각이 드는 건 왜일까요. 무엇보다 오고 있는 시에 대한 기대를 듣고 싶습니다.

오고 있는 시야, 운명아

박: 시에 대해서는 늘 생각해요. 수업하면서도 생각을…. 첫 시집부터 도시에 대해 쓰고 싶었는데, 시집을 내면 낼수록 고향 이야기를 하게 되었는데 그건 아마 천성이 나약해서 자유보다는 체념, 묵묵히 상황을 받아들여야 여기서 살아갈 수 있다고 생각했던 것 같아요. 어린 시절의 인천 풍경, 그리고 서울에서의 일상을 써 보고 싶어요. 절망이면서 절망이 아닌 것. 밥 먹고 살면서 밥 먹고 사는 것만은 아닌 것 등등.

가능하다면 앞으로 다양한 도시 이야기를 써 보고 싶어요. 이제 도시에서 산 지가 생애 3분의 2를 차지하거든요. 언제나 도시를 어둡게, 고향은 밝게 생각해왔던 것 같아요. 어쨌든 도시가 아니었으면 먹고살기 힘들지 않았겠어요. 도시가 있어서 정확히 말하면 변두리 정서가 삶에 대한 애착을 끄집어냈으니까, 글을 쓰게 만들어 주었다고 할 수 있어요.

예를 들어 산문 「가로등」에 도시의 가로등에 대한 단상을 적기도 했어요. 아, 가로등 때문이구나. 우리 등뒤로 가로등 불빛이 말없이 쏟아지고 있었고, 그 불빛으로 인해 운동을 나온 사람들이 교각의 벽에 실루엣으로 비치고 있었더라고요. 그러자 사람들이 내가 알지 못하는 '그들'이 아니라 내가 알고 싶고 이야기를 듣고 싶은 '너'로 바뀌는 듯한 느낌이 들었다고 할까요. 설령 두 여자가 싸운다 해도 서로를 마주보고 손짓을 다정하게 나누고 있는 듯 보이게 하는 가로등의 영사가 교각의 벽에 두 여자를 아름다운 실루엣으로 그려 나가고 있었기 때문일 거예요. 사랑은 무표정한 삼인칭이 이인칭으로 바뀔 때 생기는 것일까. 도시라는 무표정한 삼인칭을 묵묵하게 너라는 이인칭으로 비춰 주는, 아 가로등! 그래서 운동이 산책으로 바뀌는 한밤중의 내밀함, 그리고 다정한 침묵. 그제야 강물에 떠 있는 밤 오리들의 울음이 비로소 들리기 시작한 순간이 떠오르네요.

문득문득 '어떻게 하면 시를 잘 쓸 수 있을까?' 하는 고민이 깊어요. 제 첫 시집 제목이 『나는 이제 소멸에 대해서 이야기하련다』였어요. 기억 속의 이야기다 보니 소멸에 관한 이미지도 종종 등장하고요. 결국 시간 속에서는 모든 게 다 떠나가잖아요. 과거에 저한테 사무쳤던 것들을 보내 줄 수 있지 않을까 하는 것도 시 쓰는 이유 중의 하나예요. 도시에 살다 보면 바쁘잖아요. 떠나가야 할 것들을 제대로 떠나보낼 시간이 부족해요. 시를 쓰다 보면, 어떤 사물이나 추억을 흘려보낼 때, 그것이 잘 떠날 수 있도록 배려하는 힘이 생기는 것 같아요. 시는 나 자신을 철저하게 숨기는 것이기도 하니까. 어머님을 말하면서 어머님으로부터 벗어나는 것. 사랑하는 사람으로부터도 그렇고요. 요즘은 걸어요. 걷다 보면 몸만 움직이는 게 아니고 마음도 움직여서 잊었던 기억들이 떠올라요. 그 기억들이 시로 변해 가는 것 같고 기대가 되어요.

이: "어디로 갔을까 어머니가 이불 속에 꿰매 놓은 칠백만원"의 구절처럼, 좋은 시를 쓸 수 있는 방법은 어디에 있을까, 라는 생각도 듭니다. 오직 쓰는 것으로 밖에는 답을 구할 수 없는 질문이겠지요. 선생님 소중한 시간 감사합니다.

박: 바람도 부는데 학교 앞 샤브샤브 집에서 식사해요. 고생 많으셨습니다.

박형준 1966년 전북 정읍 출생. 1991년 《한국일보》 신춘문예로 등단. 시집으로 『나는 이제 소멸에 대해서 이야기하련다』 『빵 냄새를 풍기는 거울』 『물속까지 잎사귀가 피어있다』 『춤』 『생각날 때마다 울었다』 『불탄 집』이 있음. 동서문학상, 현대시학작품상, 소월시문학상, 육사시문학상, 유심작품상 등 수상. 동국대학교 국어국문 · 문예창작학부 교수. agbai@naver.com

이은규 2008년 《동아일보》 신춘문예로 등단. 시집으로 『다정한 호칭』이 있음.
yudite23@hanmail.net

칠백만원

박형준

어머니는 입버릇처럼 식구들 몰래 내게만
이불 속에 칠백만원을 넣어두었다 하셨지
어머니가 돌아가시고 난 뒤
이불 속에 꿰매두었다는 칠백만원이 생각났지
어머니는 돈을 늘 어딘가에 꿰매놓았지
대학 등록금도 속곳에 꿰매고
시골에서 올라왔지
수명이 다한 형광등 불빛이 깜빡거리는 자취방에서
어머니는 꿰맨 속곳의 실을 풀면서
제대로 된 자식이 없다고 우셨지
어머니 기일에
이젠 내가 이불에 꿰매놓은 칠백만원 얘기를
식구들에게 하며 운다네
어디로 갔을까 어머니가 이불 속에 꿰매놓은 칠백만원
내 사십 줄의 마지막에
장가 밑천으로 어머니가 숨겨놓은 내 칠백만원
시골집 장롱을 다 뒤져도 나오지 않는
이불 속에서 슬프게 칙칙해져가는 만원짜리 칠백 장

【 '작가' 가 선정한 오늘의 시 】 시리즈

2002 '작가' 가 선정한 **오늘의 시&시조**_고두현 「귀로」 外

기획위원 / 이우걸 장경렬 이경철 유성호 홍용희 김춘식　신국판 / 값 7,000원

2003 '작가' 가 선정한 **오늘의 시**_신경림 「낙타」 外

기획위원 / 이지엽 맹문재 오형엽　신국판 / 값 8,000원

2004 '작가' 가 선정한 **오늘의 시**_문태준 「맨발」 外

기획위원 / 문혜원 맹문재 유성호　신국판 / 값 8,000원

2005 '작가' 가 선정한 **오늘의 시**_문태준 「가재미」 外

기획위원 / 문혜원 맹문재 유성호　신국판 / 값 8,000원

2006 '작가' 가 선정한 **오늘의 시**_송찬호 「만년필」 外

기획위원 / 유성호 박수연 김수이　신국판 / 값 9,500원

2007 '작가' 가 선정한 **오늘의 시**_김신용 「도장골 시편-넝쿨의 힘」 外

기획위원 / 유성호 박수연 김수이　신국판 / 312쪽 / 값 10,000원

2008 '작가' 가 선정한 **오늘의 시**_김경주 「무릎의 문양」 外

기획위원 / 이형권 유성호 오형엽　신국판 / 312쪽 / 값 10,000원

2009 '작가' 가 선정한 **오늘의 시**_송재학 「늪의 內簡體를 얻다」 外

기획위원 / 이형권 유성호 오형엽　신국판 / 328쪽 / 값 10,000원

2010 '작가' 가 선정한 **오늘의 시**_진은영 「오래된 이야기」 外

기획위원 / 유성호 홍용희 이경수　신국판 / 296쪽 / 값 10,000원

2011 '작가'가 선정한 **오늘의 시**_심보선 「'나'라는 말」 外

기획위원 / 유성호 홍용희 함돈균 신국판 / 288쪽 / 값 12,000원

2012 '작가'가 선정한 **오늘의 시**_안도현 「일기」 外

기획위원 / 유성호 홍용희 함돈균 신국판 / 304쪽 / 값 12,000원

2013 '작가'가 선정한 **오늘의 시**_공광규 「담장을 허물다」 外

기획위원 / 유성호 홍용희 함돈균 신국판 / 256쪽 / 값 12,000원

2014 '작가'가 선정한 **오늘의 시**_이원 「애플 스토어」 外

기획위원 / 유성호 홍용희 함돈균 신국판 / 272쪽 / 값 12,000원

2015 '작가'가 선정한 **오늘의 시**_유홍준 「유골」 外

기획위원 / 유성호 홍용희 함돈균 신국판 / 245쪽 / 값 14,000원

2016 '작가'가 선정한 **오늘의 시**_박형준 「칠백만원」 外

기획위원 / 유성호 홍용희 함돈균 신국판 / 264쪽 / 값 14,000원

【'작가'가 선정한 오늘의 영화】 시리즈

2006 '작가'가 선정한 **오늘의 영화**_2006 이준익 감독 〈왕의남자〉 外
기획위원 / 강유정 김서영 강태규 신국판 / 값 9,500원

2007 '작가'가 선정한 **오늘의 영화**_2007 김태용 감독 〈가족의 탄생〉 外
기획위원 / 강유정 이상용 황진미 신국판 / 값 9,500원

2008 '작가'가 선정한 **오늘의 영화**_2008 이창동 감독 〈밀양〉 外
기획위원 / 유지나 강태규 설규주 신국판 / 값 10,000원

2009 '작가'가 선정한 **오늘의 영화**_2009 장훈 감독 〈영화는 영화다〉 外
기획위원 / 유지나 전찬일 강태규 신국판 / 값 10,000원

2010 '작가'가 선정한 **오늘의 영화**_2010 봉준호 감독 〈마더〉 外
기획위원 / 유지나 전찬일 강태규 신국판 / 값 10,000원

2011 '작가'가 선정한 **오늘의 영화**_2011 이창동 감독 〈시〉 外
기획위원 / 유지나 전찬일 강태규 신국판 / 값 12,000원

2012 '작가'가 선정한 **오늘의 영화**_2012 이한 감독 〈완득이〉 外
기획위원 / 유지나 전찬일 강태규 신국판 / 값 12,000원

2013 '작가'가 선정한 **오늘의 영화**_2013 윤종빈 감독 〈범죄와의 전쟁 : 나쁜 놈들 전성시대〉 外
기획위원 / 유지나 전찬일 강유정 신국판 / 값 12,000원

2014 '작가'가 선정한 **오늘의 영화**_2014 봉준호 감독 〈설국열차〉 外
기획위원 / 유지나 전찬일 강유정 신국판 / 값 12,000원

2015 '작가'가 선정한 **오늘의 영화**_2015 김한민 감독 〈명량〉 外
기획위원 / 전찬일 홍용희 이재복 강태규 손정순 신국판 / 값 14,000원

2016 '작가'가 선정한 **오늘의 영화**_2016 류승완 감독 〈베테랑〉 外
기획위원 / 유지나 전찬일 이재복 강태규 손정순 신국판 / 값 14,000원

이 도서의 국립중앙도서관 출판시도서목록(CIP)은 e-CIP 홈페이지
(http://www.nl.go.kr/ecip)에서 이용하실 수 있습니다.
(CIP 제어번호 : CIP2016009832)

2016 '작가'가 선정한 오늘의 시

2016년 4월 19일 초판 1쇄 인쇄
2016년 4월 22일 초판 1쇄 발행

지은이 | 박형준 외
펴낸이 | 孫貞順
펴낸곳 | 도서출판 작가
서울 서대문구 북아현로 22나길 13-8(우120-866)
전화 | 365-8111~2 팩스 | 365-8110
이메일 | morebook@morebook.co.kr
홈페이지 | www.morebook.co.kr
등록번호 | 제13-630호(2000. 2. 9.)

기획위원 | 유성호 홍용희 함돈균
편집 | 김이하 정여진 김은영 설재원
디자인 | 오경은
영업 · 관리 | 이용승

ISBN 978-89-94815-58-9 (03810)

값 14,000원